매일 떠나는
세계 여행

백상현 지음

나에게 휴식을 주는
인생 사진 365

아이콘
북스

prologue

여행은 힘이 있다

돌이켜보니 여행자의 길을 선택하고 살아온 지 어느덧 스물네 해가 넘었습니다. 지금까지 '여행'이라는 화두가 제 삶을 이끌어왔습니다. 좀 더 엄밀히 말하자면 '여행' 덕분에 '인생'을 제대로 살 수 있었다고 고백합니다.

인생이 고단하고 힘에 벅찰 때 여행은 피로 회복제였고, 세상 사람들에게 상처 받을 때 여행은 제게 치유와 위로가 되었습니다. 인생의 길이 막연하고 앞이 보이지 않을 때 여행은 언제나 새로운 영감과 지혜의 길로 이끌어주었습니다.

저의 첫 유럽 여행이 떠오릅니다. 나름 성실한 직장인으로 살아가던 어느 해, 여름휴가를 이용해서 과감히 첫 유럽 자유 배낭여행에 도전했습니다. 딱 일주일의 기간 동안, 파리와 런던만 둘러보고 오는 서투른 초보의 여행이었습니다. 그 짧은 여행을 통해 저는 소중한 여행의 미덕에 눈을 뜨게 되었습니다.

여행이 가진 무한한 자유와 타인을 향한 열린 마음, 다양한 문화와 예술에 대한 경험적인 인식, 그리고 푸른 눈을 가진 이방인과의 우정의 시작 등 여행의 가치들이 봄날의 새싹처럼 제 가슴에 심어졌습니다. 그 첫 여행이 제게 준 감동과 영감은 제 인생을 송두리째 흔들었고, 결국 여행자의 길로 들어서게 하는 가장 큰 동기가 되었습니다.

틀에 박힌 일상 속에 힘들어하다가도 여행을 떠나면 새처럼 자유롭고, 돌진하는 파도처럼 용기가 솟았습니다. 숲속의 나무처럼 나만의 고요를 누리기도 하고, 여행 속에서 내면적으로 더욱 성장할 수 있었습니다.

여행이란, 세상이라는 책을 읽고 이해하는 일입니다. 처음에는 저도 여행은 그저 시간과 돈의 소비이고, 어쩌다 시간적, 물질적 여유가 있을 때 실행할 수 있는 것이라 생각했습니다. 여행도 일처럼 피로할 수 있다고 생각했습니다.

그런데 여행은 하면 할수록 제 속에서 묘한 힘과 영감을 샘솟게 했습니다. 세상을 보는 지혜와 사람들을 꿰뚫어 보는 통찰력을 얻게 해주었습니다. 고대의 위대한 철학자, 성 어거스틴은 말했습니다. "세상은 한 권의 책이다. 여행을 하지 않는 사람은 그 책의 한 페이지만 읽은 것과 같다."
그 말처럼 여행을 하면 할수록 세상의 폭과 깊이를 이해하게 되고 제 삶도 풍성해지는 것을 깨달았습니다. 또한 일상에 지치고 힘들 때마다 여행의 한 장면을 떠올리며 하루하루 힘을 얻을 수 있음을 경험적으로 알게 되었습니다.

이 책은 그런 여행의 미덕과 위로, 추억의 힘을 나누고픈 마음에서 시작되었습니다. 바쁘게 살아가는 일상 속에서 언젠가 떠날 여행을 꿈꾸는 이들에게는 미리 사진으로 여행을 떠나는 상상의 자유를, 여행을 다녀온 이들에게는 자신의 여행을 추억하는 행복을 선사하고 싶었습니다.
'위치' 정보는 언젠가 여행을 떠날 독자들에게 여행지에 관한 유용한 팁으로 기록했습니다. 스무 해 넘는 여행을 하며 담아낸 사진들 중 최고의 사진들로 엄선하고 여행지에서 느꼈던 사색과 감성을 간결한 글로 나누고자 했습니다.
우리 모두는 본질적으로 인생을 항해하는 여행자입니다. 여행은 우리의 내면에 늘 내재하고 있는 본능이라고 생각합니다.
이 책에 담긴 여행의 장면들을 통해 많은 독자분들이 다시 한 번 여행을 꿈꾸고, 여행을 실행하고, 여행을 통해 위로를 얻을 수 있기를 기원합니다.

백상현

Contents
차 례

프롤로그 _ 여행은 힘이 있다 002

1. 마음의 지향 · Italy 014
2. 안개 속 숲 · Portugal 015
3. 사이프러스 길 · Italy 017
4. 풍경의 거울 · Switzerland 018
5. 아쿠아 알타 · Italy 019
6. 충만한 존재 · Japan 020
7. 바람의 길 · Morocco 021
8. 마음의 빨래 · Poland 023
9. 그해 겨울, 리스본 · Portugal 024
10. 길과 시간 · The Czech Republic 025
11. 피렌체 아르노강 변 산책 · Italy 026
12. 사구 위의 한 사람 · Morocco 027
13. 세월의 창 · Slovakia 028
14. 지쳤다고 느껴질 때 · Morocco 029
15. 길 위의 희망 · Bolivia 030
16. 일몰 속 여행자 · Italy 031
17. 홋카이도 청의호수의 겨울 · Japan 032
18. 구름 파도 속의 집 한 채 · Italy 033
19. 겨울의 한가운데 · Japan 035
20. 스톤 트리 · Bolivia 036
21. 길 찾기 · Bolivia 037
22. 무언의 시간 · Switzerland 038
23. 끝이 보이지 않는 길 · Morocco 039
24. 깊은 산속 롱샹 성당 · France 041
25. 집으로 가는 길 · Italy 042
26. 생폴드방스 · France 043
27. 겨울의 끝 · Switzerland 044
28. 신트라 안개 · Portugal 045
29. 은광의 도시, 포토시 · Bolivia 046
30. 번개처럼 · Romania 047
31. 피렌체의 밤 · Italy 048
32. 라만차의 풍차 언덕 · Spain 049
33. 베네치아 곤돌라 · Italy 050
34. 거센 파도 · Morocco 051
35. 아펜첼 설원 · Switzerland 052
36. 눈 내리는 인스브루크 · Austria 053
37. 황야의 도시, 에잇벤하두 · Morocco 054
38. 심플론 패스 · Italy & Switzerland 055
39. 프랑스 알프스의 진주, 안시 · France 056
40. 살바도르 달리의 사막 · Bolivia 057
41. 미켈란젤로 언덕 · Italy 058
42. 리스본 알파마 지구 · Portugal 059
43. 나만의 길 · Switzerland 060
44. 그 겨울 안달루시아 · Spain 061
45. 프라하성 · The Czech Republic 063
46. 폴 세잔의 작업실 · France 064
47. 천공의 성 · France 065
48. 레만 호수의 빛 · Switzerland 066

49. 느린 속도의 여행 · Jordan 067
50. 마음의 고삐 · Switzerland 068
51. 천년 고도, 톨레도 · Spain 069
52. 아펜첼 눈길 트레킹 · Switzerland 070
53. 부다페스트 저녁 · Hungary 071
54. 돌로미티 산타 막달레나 마을 · Italy 073
55. 비 내리는 어부의 요새 · Hungary 074
56. 서러운 세월 · Italy 075
57. 살리네라스 염전 · Peru 076
58. 산마리노 · San Marino 078
59. 여행자의 길 · Switzerland 079
60. 풍경의 안목 · Bolivia 080
61. 아드리아해를 바라보다 · Italy 081
62. 막힌 길 · Italy 082
63. 풍경의 언어 · Switzerland 083
64. 바라나시의 일출 · India 085
65. 수련 피어나다 · Japan 086
66. 홍학 · Bolivia 087
67. 엘베강의 피렌체, 드레스덴 · Germany 088
68. 시모나다 아름다운 일몰 · Japan 089
69. 마나롤라처럼 · Italy 090
70. 미델트 · Morocco 091
71. 나오시마 선착장 조형물 · Japan 092
72. 알레치 빙하 · Switzerland 093

73. 마법의 거울 · Switzerland 094
74. 부라노의 꿈 · Italy 095
75. 우유니 풍경 · Bolivia 096
76. 시모다다 간이역 벤치 · Japan 097
77. 피렌체 두오모 · Italy 099
78. 삶의 자취 · Italy 100
79. 팔미라 유적 · Syria 101
80. 폰테 베키오 · Italy 102
81. 샤프하우젠 · Switzerland 104
82. 몰레종 산길 · Switzerland 105
83. 아실라 푸른 일몰 · Morocco 106
84. 피츠로이 가는 길 · Argentina 107
85. 암스테르담 운하 반영 · Netherlands 108
86. 쉐프샤우엔 푸른 공기 · Morocco 109
87. 호수를 바라보다 · Switzerland 111
88. 석양 속 알람브라궁전 · Spain 112
89. 무인도 · Japan 113
90. 블레드 호수처럼 · Slovenia 114
91. 아틀라스산맥 · Morocco 115
92. 아실라의 집 · Morocco 116
93. 잉카제국의 마지막 수도 · Peru 118
94. 각자의 시선대로 · Italy 119
95. 나라는 존재 · Italy 120
96. 세체니 다리 야경 · Hungary 121

97.	리구리아 바다 · Italy 122
98.	세월의 추억 · Italy 123
99.	메세 바젤 · Switzerland 124
100.	제네바의 밤 · Switzerland 125
101.	나폴리 바닷가 · Italy 126
102.	두브로브니크 시간 여행 · Croatia 127
103.	모순적인 여행 · Italy 129
104.	바젤 구시가 산책 · Switzerland 131
105.	알베로벨로 · Italy 132
106.	빨간 시트로엥 · Italy 133
107.	파도치는 마나롤라 · Italy 134
108.	루마니아의 새벽 · Romania 135
109.	기다림의 여정 · Switzerland 137
110.	평화로운 아침 · Italy 138
111.	어둠을 수놓은 베네치아 · Italy 139
112.	알프스 산길 · Switzerland 140
113.	어둠 속의 빛 · Switzerland 141
114.	티롤 알프스, 인스브루크 · Austria 142
115.	대서양 바닷가, 에사우이라 · Morocco 143
116.	포로 로마노 두 연인 · Italy 144
117.	발트해의 보석, 탈린 · Estonia 146
118.	루브르의 밤 · France 147
119.	어떤 순간 · Switzerland 148
120.	담과 바다 · Morocco 149
121.	감시의 눈 · Romania 150
122.	쿤스트하우스 빈 · Austria 151
123.	카스텔루치오 색채 · Italy 152
124.	시간이 멈춘 도시, 마테라 · Italy 153
125.	와인과 함께하는 여행 · Italy 154
126.	페트라 · Jordan 157
127.	그리움 · Italy 158
128.	클라이네 샤이데크 기차역 · Switzerland 159
129.	프라하 야경 · The Czech Republic 160
130.	마음이 쉬는 곳 · Switzerland 161
131.	라보 지구 산책 · Switzerland 163
132.	할슈타트 호수 · Austria 164
133.	에사우이라 저녁 · Morocco 165
134.	포토시의 아침 · Bolivia 166
135.	비셰흐라드 언덕에서 · The Czech Republic 167
136.	베르나차 풍경 · Italy 168
137.	볼차노의 밤 · Italy 169
138.	피르스트 전망대 · Switzerland 170
139.	비 내리는 시에나 · Italy 171
140.	스치던 풍경 · Italy 172
141.	끝없는 길 · Morocco 173
142.	골드웰 야외박물관 · USA 174
143.	친퀘테레의 첫 마을 · Italy 175
144.	지상천국, 돌로미티 · Italy 176

145. 산 지미냐노 풍경 · Italy 177
146. 나만의 별을 찾아서 · Switzerland 179
147. 브로츠와프 소나기 · Poland 180
148. 그뤼에르 마을 · Switzerland 181
149. 취리히 강변 풍경 · Switzerland 182
150. 친퀘테레 일몰 · Italy 183
151. 석양빛에 기대는 마음 · Croatia 184
152. 타지마할 · India 185
153. 프리부르 · Switzerland 186
154. 사구의 파도 · Morocco 187
155. 라우터브루넨 계곡 · Switzerland 189
156. 가족 · India 190
157. 행운의 붉은 일출 · Switzerland 191
158. 드라큘라의 성 · Romania 192
159. 리기산 트레킹 · Switzerland 193
160. 세 가지 길 · Switzerland 194
161. 먼 풍경 · Japan 195
162. 따스한 미소 · Poland 197
163. 풍경에 몰입하던 길 · Croatia 198
164. 스펠로 저녁 풍경 · Italy 199
165. 자그레브의 밤 · Croatia 200
166. 오르비에토 여행자 · Italy 201
167. 체스키크룸로프 아침 산책 · The Czech Republic 202

168. 거대한 빙하 앞 나무 한 그루 · Argentina 203
169. 구름 한 뭉치 · Switzerland 205
170. 하얀 빨래 · Croatia 206
171. 색들이 있는 풍경 · Italy 207
172. 마나롤라의 저녁 · Italy 208
173. 마룰라 가는 길 · Syria 209
174. 스위스 산악 열차 · Switzerland 210
175. 평온한 사색 · Italy 212
176. 리기산 등산 열차 · Switzerland 213
177. 아레강이 흐르는 베른 구시가 · Switzerland 214
178. 여행의 미덕 · Japan 215
179. 캄포 광장 · Italy 217
180. 라파즈 풍경 · Bolivia 218
181. 피엔차 언덕 · Italy 219
182. 아드리아 해안 · Croatia 220
183. 라인강 산책 · Switzerland 221
184. 데시마 앞바다 · Japan 222
185. 거대한 고독의 시간 · Chile 223
186. 시간의 단면 · Peru 224
187. 반스카 비스트리차의 저녁 · Slovakia 225
188. 갈릴리 호수 무지개 · Israel 226
189. 크락 데 슈발리에 · Syria 227
190. 피츠로이 앞에서 할 수 있는 일 · Argentina 228
191. 모스타르 · Bosnia & Hercegovina 230

192. 부에노스아이레스
   엘 아테네오 서점 · Argentina 231
193. 마르켄 주택들 · Netherlands 232
194. 나만의 속도 · Serbia 233
195. 스승과 제자 · Israel 234
196. 춤추는 새벽빛 · Bolivia 235
197. 색채의 언덕 · Argentina 236
198. 가르다 호수 · Italy 237
199. 바르샤바 와지엔키 공원 · Poland 238
200. 여행자의 탐색 · Italy 239
201. 쉐프샤우엔 골목 · Morocco 241
202. 작은 간이역 · Japan 242
203. 필라투스 트레킹 · Switzerland 243
204. 루체른의 밤 · Switzerland 244
205. 오,예루살렘 · Israel 245
206. 진정한 모습 · Bolivia 246
207. 에펠탑이 보이는 풍경 · France 247
208. 스플리트 거리의 악사 · Croatia 248
209. 민트티 한 잔 · Morocco 249
210. 작은 행복 · Bosnia & Hercegovina 250
211. 아그라의 위대한 건축 · India 251
212. 비엔나 저녁 산책 · Austria 253
213. 잘츠부르크의 밤 · Austria 254
214. 아시시의 수사처럼 · Italy 255

215. 텔치 구시가 · The Czech Republic 256
216. 바흐알프 호수 · Switzerland 257
217. 그라나다 알바이신 석양 · Spain 258
218. 과거와 현재의 공존 · China 259
219. 아말피 해안 파라솔 · Italy 260
220. 사랑하는 이유 · Italy 261
221. 신들의 해안 · Italy 262
222. 하늘 사다리 · Morocco 264
223. 시옹성 · Switzerland 265
224. 밤베르크 야경 · Germany 266
225. 여행자의 감각 · Switzerland 267
226. 모레노 빙하 · Argentina 268
227. 인생의 고비 · Morocco 269
228. 세이렌의 전설 · Italy 271
229. 팔레르모 벽화 · Italy 272
230. 흘러가는 것 · Netherlands 273
231. 로마 여행자 · Italy 274
232. 폭우 속 프라하 · The Czech Republic 276
233. 벨베데레 상궁 · Austria 277
234. 클림트의《키스》· Austria 278
235. 검은 머리 전당 · Latvia 279
236. 튈르리 정원
   회전놀이기구 · France 280
237. 에잇벤하두의 여인 · Morocco 281
238. 모네의 연못 · France 283

239. 대서양 파도 타기 · Morocco 284
240. 바부슈 정리 · Morocco 285
241. 마음의 크기 · Peru 286
242. 우마이야 모스크 · Syria 287
243. 희망의 에너지 · Morocco 288
244. 퐁 데 자르 위에서 · France 289
245. 경계를 걷는 일 · Italy 290
246. 아이거 빙하 이정표 · Switzerland 291
247. 카페 플로리안 · Italy 292
248. 유빙 · Argentina 294
249. 알프스를 걷는 여행자 · Switzerland 295
250. 자연의 시간 · Argentina 296
251. 시디 이프니의 저녁 · Morocco 297
252. 젠트의 평범한 골목 · Belgium 298
253. 카렐교 일출 · The Czech Republic 299
254. 사막에 가는 이유 · Morocco 300
255. 함께하는 사람 · Slovenia 301
256. 지평선 · Austria 302
257. 몽블랑의 5유로짜리 커피 · France 303
258. 사막 횡단 · Morocco 304
259. 자전거 타듯이 · Netherlands 305
260. 산 페드로 데 아타카마 · Chile 306
261. 캄피돌리오 광장 · Italy 307
262. 낯선 시간의 속도 · Morocco 308
263. 긍정의 빛 · Italy 309
264. 역사와 전설을 찾아가는 즐거움 · Lithuania 310
265. 갠지스강 · India 311
266. 말 끄는 사람 · Peru 312
267. 포토시의 황야 · Bolivia 313
268. 융프라우 만년설 길 · Switzerland 314
269. 파리의 밤 · France 315
270. 길의 의미 · Morocco 316
271. 베네치아 작은 광장 · Italy 317
272. 실버 라이닝 · Morocco 318
273. 페리토 모레노 빙하 앞에서 · Argentina 319
274. 달의 계곡 돌처럼 · Chile 320
275. 시리아 광야 · Syria 322
276. 두 사람을 위한 자리 · China 323
277. 진정한 휴식 · Switzerland 324
278. 긴 여행의 끝 · Austria 325
279. 잠시 멈춰 서서 · Italy 326
280. 카사블랑카 모스크와 소년 · Morocco 327
281. 모여 있는 풍경 · Italy 328
282. 에사우이라 모자 노점상 · Morocco 329
283. 센소지 하늘 · Japan 330
284. 큐브하우스 · Netherlands 331
285. 다른 시간 · Morocco 332

286. 그런 날 · Morocco 333
287. 구름 속 마추픽추 · Peru 334
288. 베네치아의 새벽 · Italy 336
289. 바덴의 겨울 · Switzerland 337
290. 청춘의 시간들 · Japan 338
291. 창문의 각도 · Japan 339
292. 사막을 건너는 여행자 · Morocco 340
293. 고흐의 마지막 발자취,
　　 오베르 쉬르 우와즈 · France 341
294. 그 겨울, 설경 · Japan 342
295. 코토르의 푸른 저녁 · Montenegro 343
296. 루마니아 늦가을 · Romania 344
297. 푸르마마르카 뒷동산 · Argentina 345
298. 루벤스의 고향 · Belgium 346
299. 반 고흐 다리가 있는 풍경 · France 347
300. 혼자 길 건너기 · Bolivia 348
301. 론강의 까마귀 · France 349
302. 사해 쿰란 동굴 · Israel 350
303. 언덕을 오르는 이유 · France 351
304. 소금의 약속 · Peru 352
305. 밤을 걷는 두 사람 · Poland 353
306. 모라비아의 숨은 진주,
　　 미쿨로프 · The Czech Republic 354
307. 로맨틱 가도의 도시,
　　 뷔르츠부르크 · Germany 355
308. 노르망디 해안 몽생미셸 · France 356
309. 빛의 구도자 · Chile 357
310. 고요한 눈 세상 · Japan 358
311. 고르너그라트 빙하 · Switzerland 359
312. 규슈 동백꽃 · Japan 360
313. 다카야마 구시가 · Japan 361
314. 에트나의 의미 · Italy 362
315. 여행자의 시선 · Lithuania 363
316. 침사추이 부두 앞 단상 · China 364
317. 이스탄불 · Türkiye 365
318. 알자스 지방의 동화 마을, 콜마르 · France 366
319. 루마니아 델타 두나리 · Romania 367
320. 가끔은 하늘을 보자 · Peru 368
321. 먼 곳으로의 여행 · Chile 369
322. 비에이의 겨울 · Japan 370
323. 사막이 아름다운 까닭 · Morocco 371
324. 마조렐 연못 · Morocco 372
325. 타호 호수 가는 길 · USA 373
326. 막대기 하나 · Romania 374
327. 류블랴나의 노을 · Slovenia 375
328. 트라카이 성 · Lithuania 376
329. 길 따라서 · USA 377
330. 타호 호수 유람 · USA 378
331. 비 내리는 비비에르 · France 379

332. 인피오라타 · Italy 380
333. 안개 속 사이프러스처럼 · Italy 381
334. 바하우 계곡의 휴식 · Austria 382
335. 서부 개척기의 흔적, 토노파 · USA 383
336. 네카어강 둑에 앉아 · Germany 384
337. 자유의 상징 · Japan 385
338. 비니쿤카의 경이 · Peru 386
339. 거대한 붉은 아치 · Morocco 387
340. 사하라사막의 비밀 · Morocco 388
341. 빌렘스타트의 구름 · Netherlands 389
342. 로잔 거리의 악사 · Switzerland 390
343. 에즈의 보름달 · France 391
344. 시기쇼아라 가는 길 · Romania 392
345. 네로와 파트라셰 · Belgium 393
346. 고난의 영광 · China 395
347. 각자 편한 대로 · Poland 396
348. 영롱한 안시 호수 · France 397
349. 순수한 시절 · Japan 398
350. 밤이 희망 · Switzerland 399
351. 아야소피아 · Türkiye 400
352. 아라시야마 대나무 숲 · Japan 401
353. 타보르의 지혜 · The Czech Republic 402
354. 홍콩 야경 · China 403
355. 낮은 땅 · Netherlands 404

356. 하나된 마음 · Peru 405
357. 자그레브 거리의 악사 · Croatia 406
358. 에스파스 반 고흐의 정원 · France 407
359. 시라카와고 마을 · Japan 408
360. 데스밸리의 언덕 · USA 409
361. 부쿠레슈티의 아침 · Romania 410
362. 성당의 타일 장식 · Croatia 411
363. 히다 후루카와 저녁 산책 · Japan 412
364. 델프트의 형태 · Netherlands 413
365. 바라나시의 기도 · India 415

" 여행이란 그렇게 모든 순간순간 마법처럼 변화시키는 힘을 가진 무엇. "

1 마음의 지향

가끔은 루프탑에 올라 새로운 풍경을 관조하는 시간이 필요합니다.
지상의 미로에 갇혀 있지 말고 시선의 방향을 높게,
마음의 지향을 드넓은 하늘로 향하면
새로운 풍경과 새로운 삶의 여백이 펼쳐진답니다.

🇮🇹 **위치 : Firenze, Italy**

피렌체 구시가, 특히 두오모 성당 주변으로 루프탑 카페들이 있다. 두오모 주변의 루프탑 카페에 올라 여유롭게 바라보는 시간의 여유를 가진다면 도시 풍경도 새롭게 보이고 좀 더 깊은 여행의 차원을 경험할 수 있다.

2 안개 속 숲

저 묘한 안개 가득한 숲처럼
어떤 시간들이 그대에게 다가올지 몰라요
그래도 우리는 숲속 깊숙이 들어가서
길을 찾을 거예요.
그게 여행자의 본질이고
살아 있다는 뜻이니까요.

🇵🇹 **위치 : Sintra, Portugal**

포르투갈 리스본 근교 깊은 산속에 자리한 신트라. 영국의 계관시인 바이런은 '에덴동산'으로 찬양했다. 리스본에서 당일치기 코스로 여행하기 편리한 위치에 있다.

3 사이프러스 길

토스카나 들녘 위로 흐르다가
사이프러스 꼭대기를 살며시 흔들던
평온한 바람.

나란히 늘어선 사이프러스가
만들어내는 규칙적인 그림자의 패턴.

부드러운 능선과 붉은 벽돌의 집들 위로
뭉게뭉게 피어나던 솜뭉치 같은 구름들.

곡선으로 끝없이 이어지던
토스카나의 흙길.

복잡한 세상 속에서
차곡차곡 그려지는 마음의 풍경들입니다.

위치 : Val d'Orcia, Toscana, Italy

이탈리아 중부 토스카나에서도 가장 아름다운 지역이 발도르차다. 사이프러스, 밀밭 그리고 부드러운 능선들과 포도밭이 산재한 그림 같은 지역이다.

4 풍경의 거울

풍경의 거울에 비춰 보면
마음은 고요해집니다.
여행이 선사하는 평온은
사소한 아침 산책에서,
무심코 바라본 호수의 반영 속에서,
그리고 그런 여유로운 풍경 속에 서 있는
내 마음에서 시작됩니다.

위치 : Crans-Montana, Switzerland

크랑 몬타나는 스위스 남부 발레주 알프스의 아름다운 자연 경관을 가진 현대적인 리조트 마을이다. 골프의 메카라고 불릴 정도로 훌륭한 코스들을 갖고 있으며, 주변의 알프스 산들과 마을에 흩어져 있는 평화로운 호수 풍경이 환상적인 곳이다.

5 아쿠아 알타

낭만적인 베네치아는 매년 아쿠아 알타로 인해 물에 잠기곤 하지요.
장화를 신거나 간이 다리를 설치해서 그 위를 걸어야 하는 불편함이 있지만,
아쿠아 알타로 인해 여행자에게는 새로운 풍경이 열린답니다.
거울 같은 반영이 베네치아의 낭만을 몇 스푼 더해주기에
카푸치노 같은 예쁜 사진도 얻게 된답니다.
그러니 우리 삶에서 잠시 불편하고 어려운 시기가 오면
아쿠아 알타처럼 다른 앵글로 바라보면 어떨까요?

🇮🇹 **위치 : San Marco Piazza, Venezia, Italy**

이탈리아에서 우기가 되면 해수면이 상승해 산마르코 광장 등 베네치아의 낮은 지역이 대부분 물에 잠기는 아쿠아 알타Acqua alta 현상이 벌어진다. 저지대의 상가와 집들은 물이 집 안으로 들어오지 못하게 막느라 고생을 한다. 하지만 평소에는 볼 수 없는 드라마틱한 풍경이 펼쳐지는 시기이기도 하다. 현실은 늘 어려움이 있고 난관이 있지만, 나의 관점을 어떻게 바꾸느냐에 따라 인생은 다르게 접근할 수 있다.

6 충만한 존재

늘 홀로 있어도 외롭지 않고,
늘 비어 있어도 충만한 존재로 살아가는 삶을 꿈꿉니다.

비에이, 저 나무처럼.
고고하게 단아하게 말입니다.

● 위치 : Biei, Hokkaido, Japan

비에이의 크리스마스 트리 혹은 나 홀로 나무는 얕은 언덕의 부드러운 경사면에 자리를 잡고 있다. 여백이 가득한 배경으로 홀로 서 있는 나무가 선사하는 분위기는 비에이 여행자들에게 큰 매력으로 다가온다. 비에이에는 세븐 스타 나무, 오야코 나무, 켄과 메리의 나무, 탁신관 자작나무 숲 등 여러 가지 별명과 다양한 모습을 지닌 나무들이 산재해 있다. 이런 특별한 나무들을 찾아다니며 사진으로 담아내는 여행이 인기다.

7 바람의 길

바람결도 이렇게 다른데,
인생의 길은 또 얼마나 다를까요.

그저 각자의 모양대로
생각의 갈래 따라, 나만의 바람결 따라
자유로이 살아가면 됩니다.

★ **위치 :** The Sahara Desert, Morocco

사하라사막으로 들어가서 차분히 사막을 살펴보면 바람결에 따라 모래의 결이 생겨난 것을 관찰할 수 있다. 바람의 방향과 세기에 따라 늘 변화하고 사라지고 새로 생겨나는 생동감 있는 무늬다. 사막은 늘 변함이 없는 것 같지만 그 속에 머물며 살펴보면 그런 역동성을 느낄 수 있다. 우리 삶에도 그런 역동성과 자유, 변화가 늘 필요하다.

8 마음의 빨래

여행이란
내 속의 어둠을
커다란 풍경 앞에,
눈부신 햇살 속에
널어놓는 마음의 빨래입니다.

🏳 **위치 : Krakow, Poland**

크라쿠프는 오랜 역사를 가진 폴란드의 옛 수도이자 현재의 수도 바르샤바 다음가는 폴란드 제2의 도시다. 유네스코는 1978년 구시가 전체를 유네스코 세계문화유산으로 지정했다. 구시가를 대표하는 랜드마크가 바로 사진 속의 바벨성이며, 크라쿠프의 탄생지이기도 하다. 바벨성 안에 있는 대성당의 지그문트 예배당은 황금 돔으로 유명하다.

9 그해 겨울, 리스본

그해 겨울은 따스했어요.
낡은 아줄레주 타일이 장식된 솔 광장 아래 담벼락에 걸터앉아
바다 같은 테주강을 멍하니 바라보았어요.
강처럼 세월이 흘렀고 여행자도 자연의 흐름을 깨닫는 나이가 되었어요.
굳건하던 사람도 변해간다는 것도 알았어요.
마치 봄 같은 꽃그늘 아래 그런 깨달음이 조금은 서러웠지만
가장 충만한 시간이었어요.

🇵🇹 **위치 : Lisbon, Portugal**

포르투갈의 수도 리스본은 묘한 분위기의 도시다. 겨울에도 꽃이 피고, 눈보다는 비가 내리고, 온화한 공기를 느끼게 해준다. 낡은 구시가 골목길은 낯선 여행자를 포근하게 맞아주는 공간이기도 하다. 유럽의 다른 어느 곳보다 묘한 정감이 느껴지는 여행지가 바로 리스본이다.

10 길과 시간

시간은 끊임없이
흐르는 직선입니다.

흘러가는 풍경을 바라보니
시간의 흐름이 더욱 강렬하게 와닿습니다.

여행도 시간처럼 그렇습니다.

🇨🇿 **위치 : On the Road to Cesky Krumlov, The Czech Republic**

프라하에서 남쪽으로 보헤미아 땅을 가로질러 체스키크룸로프로 향하는 길. 체스키크룸로프는 구시가 전체가 유네스코 세계문화유산이며, 체코의 대표적인 중세도시. 프라하 다음으로 인기 있는 여행지다.

11 피렌체 아르노강 변 산책

여행지에서 누리는 잠시의 산책이
우리의 마음을 얼마나 풍요롭게 하는지요.

늦은 오후 피렌체 아르노강 변 산책도
그랬습니다.

🇮🇹 위치 : Firenze, Italy

피렌체 구시가를 끼고 흐르는 아르노강은 폭이 그리 넓지는 않지만 피렌체 여행 시에 들러볼 명소다. 유명한 베키오 다리는 아르노강을 가로지르는 랜드마크이기도 하다. 해질 무렵 석양에 물드는 강물은 특히 낭만적이다.

12 사구 위의 한 사람

사막의 오아시스 텐트에서 긴 밤을 보내고,
아직 어둑한 새벽에 여행지들은 조용히 각자의 사구砂丘에 올랐습니다.
모래 언덕의 모양도, 언덕이 그리는 곡선도,
또 사람들의 마음도 모두 다르지만,
한마음으로 사하라의 일출을 기다렸습니다.
각자의 삶의 길을 걷다가 그렇게
자신만의 일출을 바라보는 시간은 얼마나 아름다운 순간인가요.

★ 위치 : The Sahara Desert, Morocco

사하라사막은 아프리카의 여러 나라에 걸쳐 있는 거대한 사막이다. 그중 모로코의 메르주가 마을에서 사하라사막으로 손쉽게 접근할 수 있다. 특히 붉은 모래로 유명한 에르그셰비 지역은 모래알이 다른 곳보다 작고 부드럽다. 사막의 오아시스에서 하룻밤을 보내면 기존의 일상과는 완전히 다른 특별한 체험을 할 수 있다.

13 세월의 창

소멸하는 모든 것들이 안타까운 세월이 되면
문득 시간이 그려내는 아름다운 삶의 무늬가 생겨나지요.
조금은 멀찍이서 바라보면 그런 세월의 그림이 보일 거예요.

🇸🇰 **위치 : Bratislava, Slovakia**

슬로바키아의 수도 브라티슬라바 구시가는 한 나라의 수도답지 않게 규모가 작아서 도보로 충분히 돌아볼 수 있는 곳이다. 구시가 곳곳에서 오랜 세월의 흔적을 느낄 수 있다. 지금은 건물을 새로 고쳐 바뀌었을 수도 있겠지만, 담쟁이가 자라고 문과 창문을 그림 패널로 장식해놓아 마치 설치미술 작품처럼 아름다웠던 순간이었다.

14 지쳤다고 느껴질 때

흰 눈으로 덮인 아틀라스산맥을 넘어
쉐프샤우엔으로, 페스로, 마라케시로
그리고 사하라사막으로, 모로코 구석구석
끝없이 질주했던 그해 겨울은 따스했습니다.

여행의 열정은 늘 생기를 주고 새로운 힘을 줍니다.
일상에 지쳤다고 느껴질 때 여행을 떠나보면 좋겠습니다.

★ 위치 : On the Road, Morocco

유럽의 끝이자 아프리카의 시작으로 불리는 모로코는 아틀라스산맥과 사하라사막으로 유명한 곳이다. 모로코의 척추와 같은 아틀라스산맥은 이 나라를 여행하다 보면 늘 배경으로 솟아 있다. 모로코를 여행할 때 도시 간 이동은 주로 기차나 버스를 이용하면 좋고, 때로는 도시 간 이동에 특화된 그랑택시를 이용하면 편리하다.

15 길 위의 희망

우유니 소금사막은
경계가 없는 공간입니다.
끝없이 달려도 끝이 나지 않는 소금사막.
해가 기울고 저녁이 되자
사막과 하늘이 마침내 노을에 물들었고,
선명한 지평선이 생겼습니다.
인생의 길을 걷다가 만날 수 있는
희망도 그런지 모르겠습니다.

🇧🇴 **위치 : Salar de Uyuni, Bolivia**

볼리비아에 위치한 우유니 소금사막은 세계 최대의 소금사막이다. 해발 3,656미터의 고원에 위치해 있으며 총넓이는 10,582제곱킬로미터, 소금의 총매장량은 100억 톤으로 추정되고 있다. 모든 여행자의 로망이자 버킷 리스트, 우유니 소금사막은 일생에 한 번은 꼭 여행해볼 만한 가치가 있는 곳이다.

16 일몰 속 여행자

성 프란치스코의 고향, 아시시.
그가 잠들어 있는 성 프란지스코 성당 앞에서 마주한 일몰.
평화의 성자가 태어난 고향의 품 속에서 소란스럽던 마음이 진정되고,
따스한 일몰 빛에 마음이 위로를 받는 시간.
여행을 하다가 가만히 풍경 속에
자신을 놓아두는 시간이 필요합니다.

🇮🇹 **위치 : Assisi, Italy**

이탈리아 중부에 있는 움브리아주의 아시시는 성 프란치스코의 고향이자 오랜 역사를 자랑하는 소도시다. 피렌체에서 직행열차로 2시간 정도면 닿을 수 있는 그림 같은 중세 마을이다. 수바시오산 자락에 위치한 아시시를 여행한 사람은 누구나 자신도 모르게 평화로운 분위기에 젖어 든다.

17 홋카이도 청의호수의 겨울

겨울이 되자 에메랄드빛의 아름다운 청의호수가 얼고,
그 위에 새하얗게 눈이 덮였습니다.
꿈꾸던 푸른 호수 풍경이 아닌, 차가운 겨울 풍경이 사뭇 아쉬웠습니다.
차디찬 호수의 얼음을 뚫고 가늘지만 단단하게 솟은 자작나무들.
혹독한 계절 속에서도 버텨야 할 이유를 지친 여행자의 마음에 말해주는 곳이
바로 홋카이도 청의호수였습니다.

● 위치 : 青い池, Hokkaido, Japan

청의호수는 홋카이도 비에이 근처 다이세츠산 국립공원의 활화산 도카치산에서 흘러내리는 진흙으로 인한 피해를 막기 위해 1988년 인위적으로 조성한 곳이다. 의도치 않게 만들어진 아름다운 호수의 색채와 물속에서 자라는 자작나무가 선사하는 풍경이 사람들의 마음을 사로잡았다. 애플의 매킨토시 데스크톱의 배경화면으로 사용되면서 세계적으로 널리 알려지게 된 일화는 유명하다. 특히 호수의 푸른빛은 수산화알루미늄 등 자연적인 미네랄 성분 때문이라고 한다.

18 구름 파도 속의 집 한 채

질량감 넘치는 구름의 파도 너머
장엄한 대성당 같은 바위산들.
간헐적으로 불어오는 바람,
초록 들판 사이로 숨어 흐르는 길.
그 대지와 구름과 하늘 사이에 작은 집 한 채.
돌로미티입니다.
그 풍경으로 행복합니다.

🇮🇹 **위치 : Dolomiti, Italy**

웅장한 바위산이 가득해서 자연의 대성당이라 불리는 돌로미티는 자연을 만끽할 수 있는 이탈리아 알프스의 하이라이트다. 이탈리아 북부 알토아디제주에 속해 있으며, 트레킹과 캠핑 등 자연을 즐기는 여행자들에게 늘 인기가 높다.

19 겨울의 한가운데

거대한 고독의 시간,
겨울의 한가운데입니다.

바로 지금이
앙상한 나무들처럼 거추장스러운 옷들을 벗고
진실한 나의 속을 들여다보아야 할
그 계절인지도 모릅니다.

🔴 위치 : Hakodate, Japan

한겨울 홋카이도 하코다테의 고료카쿠 유적지 전망대에서 내려다보면 앙상한 나무들이 그로테스크한 그림을 만들어내고, 그 산책로를 따라 이따금씩 사람들이 산책을 하곤 한다. 앙상한 겨울나무는 결국 모든 위선과 가식의 옷을 벗은 인간의 실존인지도 모르겠다는 생각이 드는 곳이다. 나의 실존을 정직하게 받아들여볼 수 있는 계절이 바로 겨울이 아닐까.

20 스톤 트리

눈에 보이지 않는 바람과 눈에 보이지 않는 세월이 오래도록
거대한 바위에 불고 불어 마침내 마치 조각 같은 스톤 트리를 만들었어요.
우리의 노력은 눈에 보이지 않고 더 나은 지향을 향한 고뇌도 볼 수가 없지만
끝까지 포기치 말아야 할 이유를 알려주는 게 바로 이 스톤 트리입니다.
보이는 것에 좌절하지 말고 보이지 않는 것에 희망을 두어야 합니다.

🇧🇴 위치 : Salar de Uyuni, Bolivia

남미 볼리비아에 있는 우유니 소금사막은 광활한 소금사막으로 유명한 곳이다. 또한 신비로운 호수와 산 그리고 온천, 거대한 암벽들이 여행자들의 발길을 끌어모으는 곳이다. 볼리비아의 우유니 소금사막에서 출발해 칠레의 아타카마로 향하는 여정 중에 만나게 되는 명소가 바로 스톤 트리. '돌나무'라고 불리는 독특한 돌 조형물은 장구한 세월의 바람으로 인한 풍화작용의 산물이다. 사람의 손을 거치지 않은, 자연이 빚어낸 신비의 돌조각이다. 스톤 트리를 보면서 그 긴 세월과 사막의 바람을 생각해본다.

21 길 찾기

세상은 미로 같아서
늘 우리를 헤매게 히고 돌이가게 하고 시지게 합니다.
그럴 때 길을 잃어도 상관없는 여행을 떠나야 합니다.
길을 잃고 걷다 보면 나만의 길이 보이고,
세상에서 살아갈 힘을 얻을 수 있게 됩니다.
여행은 미로 같은 삶에서의 길 찾기 같은 것인가 봅니다.

🇧🇴 위치 : Salar de Uyuni, Bolivia

우유니 소금사막을 횡단해서 칠레로 넘어가는 2박 3일의 투어 코스 중에 다양한 지형과 풍경을 만날 수 있다. 호수와 온천, 끝없는 사막과 고산들, 홍학 떼들 등 낯설고 새로운 길이 보여주는 풍경 속에서 여행이 선사하는 작은 깨달음을 얻을 수 있다.

22   무언의 시간

거대한 산과 마주한 시간,
겸허한 내가 되는
무언의 시간이었습니다.

🇨🇭 위치 : Zermatt, Switzerland

체르마트는 스위스 남쪽 발레주의 대표적인 휴양지이자 알프스 산들을 둘러볼 수 있는 특별한 곳이다. 체르마트에서 산악 열차와 케이블카를 타고 마터호른산을 비롯해 많은 알프스 산들을 감상하고 탐험할 수 있다. 거대한 산을 마주하는 순간, 호연지기의 힘과 감동을 느끼게 된다. 대자연이 주는 커다란 선물이다.

23 끝이 보이지 않는 길

사하라사막을 향해 가는 길.
황량한 대지를 가로지르는 길 하나가 있고,
오로지 그 길 따라 앞으로만 달려가는 여정이었습니다.
먼 길을 가다 보면 마음이 허전하고 두려울 때도 있지만
방향만 제대로 잡는다면 계속 버텨내면 되는 일입니다.
결국 최종의 목적지에 다다를 테니까요.

★ 위치 : On the Road to the Sahara Desert, Morocco

모로코 여행의 가장 하이라이트가 되는 목적지이자 여행자들의 버킷 리스트는 바로 사하라사막이다. 아틀라스산맥을 건너, 광활한 황야와 크고 작은 도시와 마을을 지나 마침내 긴 여정 끝에 도달하는 곳이 바로 사하라사막이다. 길의 방향은 분명하기 때문에 스스로 지치지만 않으면 사하라사막은 생각보다 쉽게 도달할 수 있다.

24 깊은 산속 롱샹 성당

깊고 깊은 산속에
고요하게 자리 잡은 롱샹 성당.
건축가 르 코르뷔지에의 걸작.

'인간에게 빵만큼 중요한 것이
빛과 질서'라는 그의 말처럼
자연과 어울린 아름다운 건축미와
외부의 빛이 스며드는 내부 설계는
감탄을 자아냅니다.

어둠 속에서 우리를 이끄는 빛의 존재와
불가해한 세상 속을 꿰뚫어 보는 혜안과
때로는 파격이 필요한 시대.
롱샹 성당에 들러 영감을 얻어보는 건 어떨까요.

🇫🇷 위치 : Ronchamp, France

롱샹 성당의 원래 이름은 노트르담뒤오Notre Dame du Haut다. 프랑스 보주주에 속해 있으며 순례자 성당으로 건설되었고, 코르뷔지에의 후기 건축의 걸작으로 인정받고 있다. 1950~1954년에 걸쳐 완공되었고, 직선을 배제하고 거의 곡선과 곡면으로 건설된 이 성당은 당대의 건축가들에게 큰 충격을 주었다.

25 집으로 가는 길

안개 자욱한 발도르차를 산책하던
그 새벽.

영화 속 막시무스처럼
사이프러스 한 그루,
집으로 가는 길을 바라보고 있었습니다.

🇮🇹 **위치 : Val d'Orcia, Toscana, Italy**

이탈리아 중부의 토스카나, 특히 발도르차 지역은 완만한 언덕들과 사이프러스 숲들 그리고 소박한 마을들이 산재해 있는 풍경을 보여준다. 영화 《글래디에이터》 속 주인공 막시무스 장군이 그토록 그리워하던 집으로 향하던 길이 바로 사진 속 사이프러스 길이다.

26 생폴드방스

화가 마르크 샤갈이 잠들어 있는 곳,
생폴드방스가 멀리 보이기 시작했습니다.
낯선 도시를 처음 바라볼 때만큼 설레는 순간이 또 있을까요.
계획하고 꿈꾸던 여행이 눈앞에 현실로 등장했을 때
묘한 쾌감을 느낍니다.
어쩌면 여행은 그런 쾌감 속에서
마음의 위로와 치유를 얻는 과정일 겁니다.

🇫🇷 **위치 : Saint Paul de Vence, France**

화가 샤갈, 마티스, 피카소 등 수많은 예술가들이 사랑한 남프랑스의 소도시 생폴드방스는 작고 소박한 중세 마을이다. 남프랑스의 아름다운 코트다쥐르 해안에서 살짝 내륙으로 들어와 작은 산 위에 자리 잡은 요새 같은 마을이다. 특히 샤갈은 이곳을 너무 사랑해서 20년을 살다가 생을 마감하고 이 마을의 공동묘지에 묻혀 있다.

27 겨울의 끝

겨울의 끝에 이르면,
그리움의 바다에 가라앉으면,
설산의 꼭대기에 올라가면
볼 수 있으리라 생각해요.
그렇습니다.
바로 시리도록 차가운
알프스의 얼굴 말이에요.

🇨🇭 **위치 : Appenzell, Switzerland**

아펜첼은 스위스 북부 알프스에 속해 있는 작은 마을이다. 겨울이 되면 새하얀 눈 세상으로 변신한다. 아직은 여행자들로 붐비지 않는 곳이어서 조금은 한적한 분위기에서 시간을 보낼 수 있으며 북부 알프스의 청정한 자연을 만끽할 수 있는 곳이다.

28 신트라 안개

시인 바이런이 '에덴동산'이라고 노래한 신트라의 겨울은 신비롭습니다.
옅은 안개가 신트라의 궁전을 감싸고, 여행자들은 조용히 옛 궁전을 거닙니다.
흐릿한 안개는 시야를 막는 장애물이기도 하지만,
풍경 속에 신비로움을 더하는 묘한 매력이 있습니다.
가끔 무언가 명확히 보이지 않을 때, 사진 속 남자처럼 유유자적,
시간 속에 자신을 맡겨둘 필요가 있습니다.
안개는 언젠가는 걷힐 테고, 중요한 건 마음이 스스로 절망하지 않는 것.
그게 신트라를 여행하는 지혜 같은 것이니까요.

 위치 : Sintra, Portugal

포르투갈 리스본 근교에 위치한 신트라는 옛 궁전과 자연이 어우러진 아름다움을 선사하는 여행지다. 리스본에서 당일치기로 다녀오기에도 좋은 곳이다.

29 은광의 도시, 포토시

스페인 제국 시절 은광의 도시, 포토시.
제국의 식민지 시절 수많은 어려움을 겪었지만,
옛 은광의 도시는 밤이 되자 아름다운 조명으로 빛이 납니다.

도시의 흥망성쇠처럼 인생에도 어둠과 빛의 시절이 있기에
지금은 밤일지라도 화려하게 빛날 시간을 기대해볼 수 있어요.
포토시처럼 말이에요.

위치 : Potosi, Bolivia

옛 은광과 광부들의 삶의 흔적들, 유산이 가득한 곳이 포토시다. 은광으로 한창 번영을 누릴 당시 세워진 수많은 성당과 건축물들이 마치 유럽의 어느 도시에 와 있는 듯한 착각을 불러일으킨다.

30 번개처럼

삶이 빛나는 건 마음이 서로 마주 볼 때입니다.
그때 강렬한 빛이 되어 서로를 지킬 수 있습니다.

끝 모를 밤의 어둠 속에서도 길을 잃지 않는 건
그 마음의 빛 때문입니다.

🇷🇴 **위치 : On the Night Train to Bucuresti, Romania**

루마니아의 수도 부쿠레슈티로 가는 야간열차에서 촬영한 사진이다. 야간열차는 예전보다 운행 편수와 노선이 줄었지만, 장거리 이동에서는 유용한 수단이며 일상적인 여행에서는 보기 힘든 장면을 보여주기도 한다.

31. 피렌체의 밤

유유히 흐르는 아르노강 위로 밤의 장막이 드리우면
피렌체는 조용히 불을 밝힙니다.
베키오 다리는 오랜 세월의 사연을 품고
아르노강 위로 반영을 만들어냅니다.
여행이란 낯선 공간 속에서 낯선 시간을 경험하는 일입니다.
그런 경험을 통해 우리의 삶은 더욱 풍성해지고 깊어집니다.

🇮🇹 **위치 : Arno River, Firenze, Italy**

피렌체 구시가를 관통해서 흐르는 아르노강은 특히 밤이 되면 더욱 아름다운 곳으로 변모한다. 은은한 가로등 불빛과 베키오 다리와 구시가의 건물들이 잔잔한 반영을 만들어내기 때문이다. 그래서 피렌체를 여행한다면 조금 여유로운 발걸음으로 아르노강 변을 산책하는 시간이 필요하다.

32 라만차의 풍차 언덕

라만차 지방의 콘수에그라 언덕에서는 유난히 바람이 거칠게 불었고,
거대한 풍차들이 마치 소설《돈키호테》속 거인치럼 우뚝 서 있었습니다.
직접 부딪서야 돈키호테의 심정이 이해가 되었습니다.

여행이 선사하는 다양한 경험들은 우리의 이해의 폭을 넓히고
더욱 새로운 상상의 세계로 인도합니다.
라만차의 언덕이 그러했습니다.

🇪🇸 위치 : Consuegra, Spain

세르반테스의 풍자소설《돈키호테》의 배경이 된 라만차 지방에 있는 대표적인 풍차 마을이 바로 콘수에그라. 평지에서는 고요하던 대기가 언덕에 오르자 거친 바람으로 불어온다. 언덕 위에 늘어서 있는 풍차는 직접 보면 압도적인 크기에 놀라게 된다. 소설 속 돈키호테가 거인으로 착각해서 창을 들고 공격한 대목이 이해가 된다. 톨레도에서 버스를 이용해 당일치기 여행이 가능한 곳이다.

33 베네치아 곤돌라

두칼레 궁전 앞 선착장에는 베네치아의 상징과도 같은
수많은 곤돌라가 정박해 있습니다.
아드리아해의 파도는 끊임없이 곤돌라를 흔들어댑니다.
하지만 결코 뒤집히지 않는 까닭은 중심을 잘 잡고 있기 때문이죠.

언제나 삶의 파도는 우리를 휘청이게 합니다.
그런 시기에도 마음의 중심을 잘 잡고 있다면 결코 무너지지 않습니다.
베네치아의 곤돌라가 선사하는 지혜가 바로 그것입니다.

🇮🇹 **위치 : Venezia, Italy**

산마르코 광장에 있는 두칼레 궁전 앞에 곤돌라 선착장이 있다. 그곳에 서서 가만히 곤돌라를 바라보면 파도에 이리저리 흔들리지만 절대 뒤집어지지 않는 모습을 볼 수 있다. 무게중심을 잘 잡도록 설계되었기 때문이다.

34 거센 파도

대서양의 거센 파도가 몰려오는 모로코 해안가.
두 사람은 서로가 있기에 파도를 무서워하지 않았습니다.
함께 해변을 걸으며 평온한 모습으로 이야기를 나누었지요.

인생이 평온할 수 있는 건 파도의 존재 유무가 아니라
나를 이해해주는 사람이 있느냐가 아닐까요.

위치 : Legzira Plage, Morocco

모로코 대서양 해안가에 독특한 지형으로 유명한 레그지라 플라게가 있다. 파도로 인해 동굴처럼 뚫려 있는 지형을 보기 위해 전 세계에서 여행자들이 찾아온다.

35 아펜첼 설원

가끔은 순백의 세상을 여행할 필요가 있습니다.
복잡한 세상의 일들을 잠시 잊고
새하얀 설원을 배경으로 단순한 형태의 집과 전선, 몇 그루 나무로
비워진 풍경을 바라볼 필요가 있습니다.

비워야 충만해질 수 있기에
겨울 알프스 여행은 그런 여백을 배우는 시간입니다.

🇨🇭 **위치 : Appenzell, Switzerland**

스위스 북부 알프스 아펜첼 지역은 아직은 여행자들로 붐비지 않는 힐링의 여행지다. 특히 겨울에는 새하얀 설원이 끝없이 펼쳐지고, 청정한 공기를 호흡하며 나만의 속도로 여행할 수 있는 곳이다.

36 눈 내리는 인스브루크

《세계테마기행》을 촬영하던 그 겨울,
오스트리아 인스브루크에 갑자기 눈이 쏟아지기 시작했습니다.
대부분 고개를 숙이고 걷는 군중 속에서 홀로 두 손으로,
하늘 향한 얼굴로 차갑고 가벼운 눈의 촉감을 느끼던
그녀의 표정이 오래도록 각인되는 순간이었습니다.
그저 평범한 눈을 경이롭게 바라보는 그녀의 눈빛처럼
우리도 삶의 모든 순간을 그렇게 바라보는 시선이 필요하지 않을까요.

위치 : Innsbruck, Austria

독일어로 '인Inn강의 다리bruck'라는 뜻을 가진 인스브루크는 오스트리아 티롤주의 주도다. 티롤 알프스의 대자연과 겨울 스포츠로 유명한 관광지다. 특히 1964년, 1976년 두 번의 동계올림픽을 개최해서 더욱 알려지게 되었다. 고풍스러운 구시가와 인강 그리고 알프스 산이 어우러져서 아름다운 풍광을 선사하는 곳이다.

37 황야의 도시, 에잇벤하두

황량한 땅에도 강이 흐르고, 나무와 풀이 자라납니다.
그리고 그 언덕에 마을을 이루고 사람들이 옹기종기 모여 살아갑니다.
어찌 보면 척박한 환경은 더욱 강한 생명력의 원천인지도 모릅니다.
고난이 당장은 불리한 조건이겠지만,
먼 안목으로 바라보면 유익한 계기인지도 모르겠습니다.
황야 위에 세워져서 지금까지 사람이 살고 있는 에잇벤하두를 바라보면 말입니다.

★ 위치 : Aït Benhaddou, Morocco

모로코 남부에 위치한 에잇벤하두는 오로지 흙으로 지어진 성채 마을이다. 이를 크사르라고 하는데, 흙을 높게 쌓아 올려 지은 건물들이 모여 있는, 사하라인들의 전통 주거지를 의미한다. 특히 에잇벤하두는 남부 모로코 건축양식의 전형을 보여주는 사례로 손꼽히며, 유네스코 세계문화유산으로 지정되었다. 영화《글래디에이터》의 촬영지로도 유명하다.

38 심플론 패스

이탈리아 북부를 통과해 스위스 남부로 넘어가는 관문, 심플론 패스.
지상은 봄철인데, 고도가 높아질수록 봄 풍경은 온데간데없고
웅장한 설산들이 자태를 드러냅니다.
봄과 겨울의 공존처럼 여행자란 결국 공간을 이동할 뿐만 아니라
계절도 건너뛰는 시간 여행자일까요.
그게 바로 여행의 묘미인 것 같습니다.

🇨🇭 **위치** : Simplon Pass, between The Northern Italy and The Southern Switzerland

이탈리아 북부에서 스위스로 넘어가는 대표적인 고갯길이 바로 심플론 패스다. 장대한 알프스의 산들이 계절의 경계를 뛰어넘고 여행자의 숨을 가쁘게 하는 고도를 자랑한다. 국가의 경계를 지나고 계절의 경계를 지나는, 기분이 묘한 고갯길이다.

39 프랑스 알프스의 진주, 안시

운하 길을 따라 슬렁슬렁 느린 걸음으로 걸어도 좋은 곳, 안시.
걸음이 느려지면 마음까지 여유로워집니다.
안시처럼 작은 마을에 들른다면
느린 걸음으로 아침 산책의 시간을 누려야 합니다.
그 여유가 주는 여행의 미덕은
일상 속에서는 얻기가 어렵기 때문입니다.

🇫🇷 위치 : Annecy, France

프랑스 남동부에 위치한 안시는 스위스 제네바와도 가깝다. 안시 호수 북쪽 끝에 위치해 있으며 '프랑스 알프스의 진주'라고 불리는 아름다운 호수 마을이자, 구시가에는 운하가 흐르는 낭만적인 여행지다. 아름다운 운하 때문에 '알프스의 베네치아'라고도 불린다. 프랑스인들이 은퇴 후 가장 살고 싶은 도시 1위에 뽑히기도 한 곳이다.

40 살바도르 달리의 사막

시간이 녹아 사라지는 달리의 사막이라고 했습니다.
2박 3일 차를 운전해주는 남자는 저기 경계를 넘어가지 말라고도 했습니다.
젊은 연인은 영원할 것처럼 오래 키스를 했습니다.
사물의 그림자는 유난히 길었고, 모든 게 비현실적이었습니다.
어쩌면 삶이란 것도 그런 건지 모르겠습니다.

🇧🇴 위치 : Desierto Salvador Dalí, Potosí, Bolivia

우유니 소금사막에서 칠레를 향해 계속 달리다 보면 볼리비아 남서부 포토시주에 위치한 이 사막을 만나게 된다. 에되르도 아바로아 안데안 파우나 국립공원에 속해 있으며 사막 안으로 출입은 금지되어 있다. 스페인의 초현실주의 화가 살바도르 달리의 회화 속 장면과 유사한 풍광을 가져 '살바도르 달리의 사막'이라는 이름을 얻게 되었다. 달리의 그림처럼 초현실적인 느낌으로 다가오는 곳이다.

41 미켈란젤로 언덕

노을 지는 미켈란젤로 광장에 올라가면
줄지어 서 있는 자동차들 너머 광장 가운데 다비드상이
저 멀리 중세도시 피렌체의 스카이라인을 내려다보고 있습니다.

여행이란 현재와 과거 사이를 오가는
시간 여행자의 모험 같은 것.
그런 경험 속에 시야가 넓어지고,
마음이 더욱 깊어집니다.

🇮🇹 위치 : Piazzale Michelangelo, Italy

피렌체를 여행하는 사람이라면 해 질 녘에는 아르노강 건너 미켈란젤로 언덕에 올라가보기를 추천한다. 붉은 지붕의 르네상스 도시가 아름답게 한눈에 펼쳐지는 걸 조망할 수 있기 때문이다. 피렌체에서 가장 낭만적인 장소이고, 또한 고스란히 보존된 중세도시와 현재의 여행자들의 시간이 교차하는 묘한 기분을 느낄 수 있는 곳이기도 하다.

42 리스본 알파마 지구

오랜 세월이 머물러 있는 리스본 안에서도 알파마 지구는
더욱 낡은 골목들과 소박한 풍경들이 정감 있게 나가오는 곳이었습니다.
그건 아마도 사람들의 살아가는 모습이 그대로 드러나 있어서겠지요.

어디나 살아가는 모습은 비슷하고, 누구에게나 인생이란
동일한 시간의 제약에 속해 있다는 그런 묘한 동질감이 느껴졌습니다.
그렇기에 나는 나의 인생, 나의 시간을 살아가면 되겠구나 하는 안도감도 들었습니다.

위치 : Lisbon, Portugal

포르투갈의 수도 리스본은 묘한 정감이 느껴지는 여행지다. 특히 리스본의 알파마 지구는 상조르제성과 타호강 사이의 언덕에 형성된 리스본의 가장 오래된 구역이다. 좁은 골목과 작은 광장들 그리고 창밖으로 널려 있는 빨래들이 정감 있는 풍경으로 다가오는 곳이다.

43 나만의 길

여행도 삶과 같아서
걷고 또 걸으면 마침내 다다르는 목적지.
여행이 아름다운 건 걸어온 길이 행복하기 때문입니다.
인생도 그러할 테니 오늘 지금의 이 걸음이 행복하기를
지나온 길과 시간에 빌어봅니다.

🇨🇭 위치 : On the Road to Appenzell, Switzerland

스위스의 겨울, 알프스 산기슭의 마을들은 온통 눈 세상이다. 하얀 눈으로 가득한 풍경 속에 사람의 길만이 검은 색으로 뚜렷하게 인식된다. 스위스 북부 아펜첼로 가는 길에 펼쳐진 그림 같은 풍경과 그에 대비되는 길이 인상적이다.

44 그 겨울 안달루시아

스치는 풍경은 눈부시게 서정적이었고
흐르는 시간은 애틋하게 낭만적이었습니다.
여행이란 그렇게 모든 순간순간
마법처럼 변화시키는 힘을 가진 무엇.
스페인 남부 안달루시아를 가로질러
알헤시라스로 향하던 겨울 들판이었습니다.

위치 : Andalucía, Spain

안달루시아는 스페인 최남단에 위치한 지역으로 대표적인 도시로는 세비야, 코르도바, 그라나다 등이 있다. 서유럽의 제일 남쪽에 위치해 있어서, 특히 아프리카 사하라사막에서 불어오는 따뜻한 바람인 시로코의 영향으로 겨울에도 온난한 기후를 보인다. 겨울에도 오렌지가 열리고, 초록의 풀들이 자라나는 풍경을 쉽게 볼 수 있는 곳이다.

45 프라하성

프라하 구시가를 걷다가
문득 카렐교에 이르러 고개를 들면
블타바강과 아련한 하늘 사이로
장엄한 프라하성이 여행자를 반겨줍니다.

그렇게 여행이란 무심코 걷다가
바라보는 풍경 속에서도 얻는 힐링입니다.

위치 : Praha, The Czech Republic

프라하 여행의 하이라이트는 프라하성이라고 해도 과언이 아닐 정도로 웅장한 규모와 역사를 자랑하는 체코 최대의 성이다. 성비투스 대성당을 비롯해 다양한 건축물들로 가득한 곳이다.

46 폴 세잔의 작업실

엑상프로방스에서 태어나 자신의 고향 마을에서 여생을 보낸 폴 세잔.
그의 작업실은 한적한 골목길 옆 아담한 2층짜리 건물입니다.
세잔은 작업실 옆으로 직접 산책로를 조성했을 정도로 자연을 사랑했지요.
그림을 그리는 동안 지나가버린 순간을 잡으려 했고,
자신이 이해한 것을 그림 안에 구성해서 그려 넣고자
치열하게 고민하고 실행했던 세잔.
누구나 자신의 일에 대해 그런 열정이 필요한 시대입니다.

🇫🇷 **위치 : Aix-en-Provence, France**

엑상프로방스는 프랑스 남동부 프로방스 지역에 위치한 도시다. '엑상Aix'은 라틴어로 '물'을 뜻해 '엑상프로방스'는 '프로방스 지역의 물이 많이 나오는 마을'이라는 의미다. 로마 시대부터 온천 마을로 유명했고, 특히 화가 폴 세잔의 고향으로도 잘 알려져 있다.

47 천공의 성

말없는 수도승처럼 노르망디 바닷가에 우뚝 솟은 천공의 성.
썰물처럼 일상을 바쁘게 살다가 문득
가슴 속에 뜨거운 심장이 뛰고 있음을 느낄 때
흔들리는 그리움의 밀물처럼 몽생미셸로 떠나세요.
용맹한 말을 타고 달리지 않더라도
거친 바람 쏟아지는 노르망디의 그 바닷가를 힘차게 걸어보세요.
저 단단한 바위 같은 몽생미셸의 힘을 얻는 여행이 되리라 믿어요.

🇫🇷 **위치 : Mont St. Michel, France**

몽생미셸은 프랑스 북서부 노르망디 해안에 위치한 작은 섬이자 중세도시다. '성 미카엘의 산'이란 의미이며, 성 미카엘 대천사가 생오베르 주교의 꿈속에 나타나 "바다 위에 성을 쌓으라." 하는 명령을 내려서 성당과 수도원을 짓게 되었다는 이야기가 전해온다. 밀물이 되면 섬이 되고, 썰물이 되면 육지와 연결되는 독특한 위치로 인해 전 세계에서 여행자들과 순례자들이 몰려드는 곳이다.

48 레만 호수의 빛

먼 하늘을 바라봐야 할 때가 있습니다.
어둑한 하늘 너머 밝아올 여명을 투시해야 할 시기입니다.
세월의 가시에 찔리고
사람의 허물에 상처 받는 시간 너머 저 평온한 빛.
세상이라는 전쟁터에서 상처 받은 우리는
여행을 통해 치유를 받습니다.

🇨🇭 위치 : Lac Léman, Switzerland

스위스와 프랑스 국경에 접해 있는 레만호는 특히 스위스 제네바, 로잔, 몽트뢰 등의 도시와 접해 있어서 스위스 여행을 할 때 접근하기가 쉬운 편이다. 대표 도시 격인 제네바로 인해 제네바호라고도 불린다. 알프스의 설산과 길게 이어진 포도밭 그리고 휴양도시들이 어우러져서 전 세계에서 수많은 여행자들이 찾아온다.

49 느린 속도의 여행

여행자를 태운 말이 늙고 지쳐 있었습니다.
그래서 계곡을 천천히 빠져나오는 그 느린 속도가 안쓰러웠습니다.

언젠가 우리 모두 느린 속도에 적응을 해야 한다는 생각도 했습니다.
무엇 때문인지 붉은 시간의 계곡, 페트라를 자꾸 뒤돌아보았습니다.

🇯🇴 위치 : Petra, Jordan

페트라는 요르단의 고대 유적지다. 거대한 바위 계곡에 형성된 암벽 도시로 '페트라'라는 이름도 '바위'를 뜻한다. 영화 《인디아나 존스: 최후의 성전》의 배경이 된 곳으로 유명해졌다. 기원전 2세기부터 나바테아왕국의 수도로 번영했다가 106년에 로마제국에 의해 멸망했다.

50 마음의 고삐

굳건한 마터호른을 바라보고 있으면 느슨한 마음의 고삐가 바짝 당겨집니다.
수많은 등산가들이 목숨을 걸고 무수히 도전했지요.
산 아래 마을에는 등반을 하다가 목숨을 잃은 등산가들의 묘지들이 있습니다.

여행은 마음의 긴장을 풀어주기도 하지만
때로는 약해진 마음을 다잡아주는 기운을 불어넣기도 하지요.
그게 바로 마터호른 여행의 숨겨진 힘입니다.

🇨🇭 위치 : Matterhorn, Switzerland

스위스 남부 발레주 체르마트에 있는, 스위스의 상징과도 같은 산이 바로 마터호른이다. 해발 4,478미터에 이르는 고도로 수많은 등산가들이 오르기 위해 목숨을 걸었던 산이기도 하다.

51 천년 고도, 톨레도

하나의 도시가 여행자에게 깊은 의미로 다가오려면
도시가 가진 다양한 매력에 더해 오랜 세월의 깊이가 필요한 게 아닐까요.

빠른 속도를 추구하는 현대인들에게 낯선 여행지에서 조우하는 세월의 깊이는
여행의 속도뿐만 아니라 급박한 인생의 속도 또한 늦추라는 의미가 있습니다.
여행이 필요한 이유가 이 때문이기도 합니다.

🇪🇸 위치 : Toledo, Spain

스페인 중부 카스티야라만차 지역에 위치한 톨레도는 스페인 제국의 옛 수도였으며 1986년 유네스코 세계문화유산으로 지정된 역사적인 도시다. 타호강이 구시가를 둘러싸고 있어서 로마 시대부터 천연의 요새로 발전했다. 이슬람의 지배를 오랫동안 받았으며 기독교, 이슬람교, 유대교의 유적이 공존하는 곳이기도 하다. 화가 엘 그레코의 고향으로 그의 생가와 작품들이 남아 있다.

52 아펜첼 눈길 트레킹

가도 가도 끝이 없는 설경이 펼쳐졌습니다.
스위스 북부 알프스, 아펜첼의 풍경은
아직은 여행자들에게는 숨겨진 비경 같은 곳입니다.

무릎까지 차오르는 눈길을 걸으며 인적 없는 그 공간에서
오직 자연과 대면하고, 내 속마음과 대화하는 시간이었습니다.

위치 : Appenzell, Switzerland

스위스 북부 아펜첼은 중부의 융프라우와 남부의 체르마트 알프스 지역보다는 덜 알려진 낯선 여행지다. 고요한 설경을 감상하며 온전히 나만의 힐링을 할 수 있는 여행지이기도 하다.

53　부다페스트 저녁

부다페스트에 저녁이 오면
홀로 강을 바라보아요.

잔잔히 흐르는 물결처럼
마음엔 고요가 깃드는 시간.
홀로 강을 바라볼 수 있어야
고단한 삶을 건너갈 수 있어요.

🇭🇺 위치 : Budapest, Hungary

다뉴브강은 독일에서 발원해 중부와 동유럽을 거쳐 흑해로 흘러가는 강으로 유럽의 강 중에서 볼가강 다음으로 두 번째로 긴 강이다. 총 길이가 2,860킬로미터에 이른다. 독일, 체코, 헝가리, 루마니아 등 다양한 나라를 거쳐 가는 까닭에 나라별로 이름도 다양하게 불린다. 헝가리어로는 두나Duna강으로 불린다.

54 돌로미티 산타 막달레나 마을

온통 푸른 자연 속 돌로미티를 거닐수록
자연과 함께하는 삶이 얼마나 좋은지 깨닫습니다.
도시로만, 바쁜 속도로만 뛰어드는 삶은
늘 부자연스럽고 힘이 듭니다.

어쩌면 자연으로 향하는 여행,
자연 속에 머무르는 여행,
일생에 한 번은 돌로미티로 떠나야 할
이유인지도 모르겠습니다.

🇮🇹 **위치 :** Santa Maggdalena, Dolomiti, Italy

이탈리아 북부 돌로미티는 광대한 면적과 함께 장엄한 산들, 초록의 들판과 계곡, 호수로 가득한 곳이다. 특히 장대한 바위산을 배경으로 산기슭에 자리 잡은 산타 막달레나는 돌로미티 최고의 비경으로 손꼽히는 곳이다.

55 비 내리는 어부의 요새

비가 오니 더욱 그럴듯한 부다페스트 어부의 요새.
인생의 어느 시기에 먹구름이 몰려올지 몰라요.
비가 내려도 아름다운 시간이 있듯이 가끔은 그렇게 비가 와서 좋아요.
인생의 비에 애달플 것 없이 그대의 길을 걸으시면 됩니다.

위치 : Budapest, Hungary

헝가리의 수도 부다페스트를 이루는 부다 지구의 언덕 위에 위치한 어부의 요새는 네오 로마네스크 양식의 테라스다. 19세기 헝가리 전쟁 당시 어부들로 이루어진 시민군이 요새를 방어하며 적을 물리쳐서 그렇게 불리게 되었다. 뾰족한 고깔 모양을 한 일곱 개의 탑으로 구성되어 있는데, 수천 년 전 나라를 세운 일곱 부족의 마자르족을 상징한다. 어부의 요새에서 바라보는 다뉴브강과 구시가의 전경이 환상적으로 멋지다.

56 서러운 세월

세월이 흐르면 모든 일이 서럽습니다.
바람이 불어도 그렇고, 무심하게 계절이 순환하는 자연의 이치도 그렇습니다.
금세 스러져버릴 안개를 보는 것조차도 서럽지 않던가요.
당당하게 똑바로 걸어가다가도 비틀거리는 일이 생의 다반사.
그러니 내가 혹 기울어지더라도 그러려니 하세요.
지구도 그렇게 기울어진 채로 돌아가고 있는데 말이에요.

🇮🇹 **위치 : Toscana, Italy**

이탈리아 중부에 위치한 토스카나는 자연, 역사, 예술적 유산으로 가득한 지역이다. 피렌체, 시에나, 피사 등 유명한 관광지와 함께 부드러운 능선과 초원, 숲과 포도밭들이 어우러진 자연과 문화 여행지로도 인기 있다.

57 살리네라스 염전

안데스의 높고 깊은 계곡을 따라 만들어진
수천 개의 계단식 염전들.
긴 세월 대대손손 해발 3천 미터가 넘는 고지대에서
염전을 가꾸며 살아온 사람들.

긴 세월 속에 바다가 솟아오르고
땅속 깊이 박힌 암염이 녹고 흘러
새하얀 소금 계곡을 만들었습니다.

사람의 생이라는 게 세월 앞에 허망하고
자연 앞에 보잘것없어 보여도
척박한 계곡에서 이렇게 반듯한 염전을 만들었습니다.

그 사이로 걸어오는 이는 그저 한낱 연약한 여인이 아니라
긴 시간과 강한 인내의 걸음입니다.

오로지 인고의 세월 속에
세상에 영원히 존재할 그 무엇을 만들어낸
소금 같은 삶의 흔적입니다.

🇵🇪 위치 : Salineras, Peru

페루 쿠스코에서 46킬로미터 거리에 있는 살리네라스는 해발 3천 미터가 넘는 깊은 계곡에 형성된 수천 개의 염전 지역이다. 안데스산맥이 형성되던 수억 년 전에 바다가 융기해서 산이 되었고 바닷물이 마르면서 염분이 이 계곡 속에 남게 되었다. 이 염분이 지하수에 녹아 자연적으로 흘러나오면서 염전이 만들어질 수 있었다. 페루 최고의 소금 산지이며 독특한 풍경으로 인해 수많은 여행자들이 찾는 명소다.

58 산마리노

세상에서 가장 작은 나라들 중 하나지만
그 어떤 곳보다 아름다운 나라, 산마리노.
거대한 스케일에 압도되어 살아가는 시대에
우리는 작지만 소중한 존재를 기억해야 합니다.
오히려 그런 공간에서 우리는
뜻밖의 힐링과 감사를 얻는 경우가 더 많기 때문입니다.
산마리노는 작지만 아름다운 가치를 떠올리게 해주었습니다.

 위치 : San Marino, San Marino

산마리노는 이탈리아 내륙 중부에 위치한 소국이다. 티티노산 자락에 위치해 있으며 수도의 이름도 산마리노다. 세계에서 5번째로 면적이 좁은 국가인 산마리노는 유럽에서 중세 이래 현존하는 가장 오래된 공화국이기도 하다. 이탈리아어를 공용어로 사용하고 있다.

59 여행자의 길

코로나19 팬데믹의 긴 터널을 지나면서
우리 모두가 다시금 깨달은 건
여행이 얼마나 소중했는가입니다.
여행길에 서 있을 때
우리 영혼은 진정 자유롭고,
사회적 가면을 벗고 비로소
진정한 내가 된다는 것도 알게 되었습니다.

위치 : Genéve, Switzerland

스위스 남부의 대표적인 도시인 제네바는 레만 호수와 구시가의 아름다운 풍경을 자랑하며, 또한 스위스 시계 산업의 중심지로서 늘 여행자들로 가득한 곳이다.

60 풍경의 안목

우유니 소금사막에는 복잡한 풍경이 없습니다.
그저 단순히 새하얀 소금사막의 평원과 푸른 하늘만이 공존하지요.
어쩌면 복잡하게 살아가는 일이 어리석은 이유는,
인생을 넓게 보면 그저 모든 건 단순해질 수 있기 때문입니다.
세상은 늘 그대로입니다.
넓고 크게 보는 안목이 가장 필요한지도 모르겠습니다.

위치 : Salar de Uyuni, Bolivia

볼리비아의 대표적인 여행지인 우유니 소금사막은 지평선을 사이에 두고 푸른 하늘과 하얀 소금사막으로 나뉘어 있는 비현실적인 공간이다. 단순하지만 강렬한 풍경 속에서 세상의 복잡함을 잊을 수 있는 여행지다.

61 아드리아해를 바라보다

그 여름날 함께해줘서 고마웠습니다.
같은 곳을 바라볼 수 있어서 더욱 좋았고요.
때마침 바람이 불어서 더 그러했어요.
어딘가 같은 곳을 바라보고
공감의 언어를 나눌 사람이 곁에 있다는 건
그 무엇보다 소중한 삶의 행복입니다.

🇮🇹 위치 : Venezia, Italy

이탈리아의 동쪽 베네토주에 속해 있는 베네치아는 아드리아해를 마주 보고 있는 수상 도시다. 아드리아해의 낭만을 한껏 느낄 수 있는 최고의 여행지다.

62 막힌 길

막힌 듯해도 결국 열려 있는 길이 있고,
열린 듯해도 꽉 막힌 길이 있어요.
그러니 지혜롭고 예리하게 잘 살펴야 합니다.
여행이든 인생이든
결국 길에서 또 다른 길로 이어지는 여정입니다.

🇮🇹 **위치 : Taranto, Italy**

이탈리아 남부의 해안 도시 타란토는 아직은 여행자들에게 그리 알려지지 않은 숨은 여행지다. 남부 특유의 해안 도시답게 바다를 바로 끼고 있는 구시가 풍경이 인상적이다.

풍경의 언어

가만히 바라보고 있노라면
마음으로 들리는 풍경의 언어가 있습니다.
사진은 찍는 게 아니라 듣는 것이라고 했던가요.
그저 귀를 기울여 산의 말을 들어봅니다.
보는 것보다 어쩌면 듣는 일이 더 중요한지도 모릅니다.

🇨🇭 **위치 : First, Switzerland**

스위스 알프스를 대표하는 융프라우 지역에서 가장 아름다운 산세를 보여주는 곳이 피르스트다. 웅장한 산과 호수, 깊은 계곡들이 어우러진 곳으로 가볍게 트레킹할 수 있는 코스들도 갖추고 있다.

64 바라나시의 일출

신과 인간, 삶과 죽음,
사랑과 미움, 희망과 절망,
눈물과 슬픔, 시간과 허무,
그 모든 것들이 섞여 흐르는 강,
갠지스강 너머 붉은 해가 크게 떠올랐어요.

누구나 마주 볼 수 있는 이른 태양은 어쩌면 신의 은총인지도 모르겠어요.
차가운 땅에서의 삶을 녹여내는 온기에 마음이 따스하게 차올랐습니다.

소원을 비는 촛불인 디아를 파는 어린아이가
새벽부터 강가에 나와서 이 배에서 저 배로
뛰어다니는 뒷모습이 애처로우면서도 아름다웠습니다.

삶이란 게 단순하지 않은 수수께끼여서 세상을 알아갈수록 인생은 더욱 모르겠습니다.
그래도 노를 저어 강가에 낳으년 서 태양을 향해 성큼 나아가겠습니다.

그게 지상의 갠지스강 변에서 내가 할 수 있는 유일한 삶의 행위이기에,
디아 하나 불을 붙여 나룻배 한 켠에 올려두고 나는 소년을 계속 찾았습니다.

🇮🇳 **위치 : Varanasi, India**

인도 우타르 프라데시주에 위치한 바라나시는 옛날 카시 왕국의 수도였으며, 힌두교 최대 성지로 유명하다. 바라나시를 흐르는 갠지스강은 힌두교도들에게는 성스러운 젖줄로 신성시된다. 강가의 층계를 의미하는 가트에는 강물을 마시거나 강에서 목욕을 하기 위해 모여든 수많은 힌두교인들로 늘 가득하다. 바라나시의 강에서 바라보는 일출은 색다른 느낌으로 다가온다.

65 수련 피어나다

삶이 고단해서 꽃을 바라볼 시간이 없다고 한다면
얼마나 안타까울까요.
그저 세월이 너무 빨랐다고 할 수도 있겠지요.
한결같이 꽃은 피어나는데,
삶이 피곤했다고 변명할 수도 있겠습니다.
지금은 그저 영롱하게 피어난 수련,
그 빛나는 자태를 그냥 바라만 보세요.

● 위치 : Kitajawa, Shikoku, Japan

프랑스 지베르니에 있는 '모네의 정원'을 그대로 재현해 고치현의 기타자와에 조성한 '모네노니와モネの庭'다. 세계에서 유일하게 '모네의 정원'으로 허가받은 곳이며 지베르니의 '모네의 정원'과 정말 똑같은 풍경으로 조성해놓았다.

66 홍학

해발 4,500미터가 넘는 곳에 그림 같은 호수가 있습니다.
그리고 그 호수에는 셀 수 없는 홍학들이 무리 지어 살아갑니다.
그 황량한 사막과 고산지대에도 붉은 생명이 거닐고 거대한 호수가 존재합니다.
땅의 높이와 깊이 그리고 생명의 경이로움을 헤아릴 수가 없습니다.

한계에 갇혀 사는 것은 어쩌면 넓은 세상을 보지 못하기 때문일 것입니다.
여행을 해야 할 이유가 바로 그런 안목을 기르기 위해서일 겁니다.

🇧🇴 위치 : Salar de Uyuni, Bolivia

볼리비아 포토시주의 우유니 마을에서 칠레 국경까지 이어지는 2박 3일 차량 투어를 하면 다양하고 독특한 지형과 호수와 산들 그리고 호수에서 살아가는 홍학 무리들을 접할 수 있다. 해발 4천 미터 이상의 고원지대에서 만나는 풍경이 정말 독특하고 인상적이다.

67 엘베강의 피렌체, 드레스덴

처참했던 전쟁의 폐허에서
다시 재건된 도시,
엘베강 변의 피렌체, 드레스덴!

역경을 딛고 일어선 도시는
더욱 깊은 아름다움이 있습니다.
사람 또한 그렇습니다.

🇩🇪 위치 : Dresden, Germany

독일 동부의 대표적인 소도시인 드레스덴은 엘베강 가의 피렌체라고 불릴 정도로 아름다운 건축물과 문화유산을 갖고 있는 도시다. 제2차 세계대전으로 인해 도시의 90퍼센트가 넘게 파괴되었지만 시민들과 국민들의 마음을 모아 완전히 재건한 아름다운 도시다.

68 시모나다 아름다운 일몰

시작의 기내와 마칠 때의 결괴는
늘 똑같을 순 없지만
그래도 여행이란 건
그 자체로 의미를 갖습니다.

떠오르는 태양도 지는 석양도
소중한 인연과 헤어짐도
모두 의미가 있으니까요.

🇯🇵 위치 : Shimonada, Shikoku, Japan

시코쿠의 에히메현에 있는 시모나다 기차역은 바로 앞 세토 내해를 향해 있는, 소박하지만 아름다운 간이역이다. JR 시코쿠 요산선의 무인 철도역이다. 소박한 벤치에 앉아 바라보는 일몰이 환상적인 곳으로 유명하다.

69 마나롤라처럼

리구리아 해안을 따라
산자락 절벽에 자리 잡은 친퀘테레.
개성이 넘치는 다섯 마을 중
특히 눈길을 사로잡는 마나롤라!
풍경이든 인생이든
멀리서 바라보면
눈부시게 빛이 납니다.

🇮🇹 **위치** : Manarola, Cinque Terre, Italy

이탈리아 서쪽 리구리아 해안을 대표하는 그림 같은 다섯 마을이 바로 친퀘테레다. 이 다섯 마을 중에서 가장 포토제닉한 마을이 바로 마나롤라이며 가장 많은 여행자들이 찾는 곳이다.

70 미델트

삶이란 긴 호흡이기에 딩장 숨치도 부드럽게 들숨을 마십니다.
사하라로 향하던 길고도 지루한 길의 중간쯤이었고,
많이 지쳐 잠시 멈추었습니다.
그러곤 아틀라스를 하염없이 바라보았습니다.
가끔은 그렇게 길 한가운데에 멈춰서
멀리 산을 바라봐야 합니다.
먼 산을 바라봐야 지나온 길의 길이도 가늠하고
앞으로 가야 할 길의 폭도 재볼 수 있기 때문입니다.

★ 위치 : Midelt, Morocco

미델트는 모로코 중부에 위치한 작은 마을이다. 사하라사막 가는 길에 들르게 되는 중간 지점의 마을로 대부분 그냥 지나가거나 하루 정도 머물기도 하는 간이역 같은 마을이다. 풍경은 황량한 들판과 멀리 보이는 아틀라스산맥이 전부다.

71 나오시마 선착장 조형물

까마귀처럼 까마득한
밤이 오는 바닷가.
작은 심장 같은 불이 켜지고
소소한 그 밝음이
그리도 따뜻하더이다.
거친 파도가 방파제를 부수어도
이젠 겁이 나지 않더이다.

● 위치 : Naoshima, Japan

나오시마는 일본 세토 내해의 평범한 섬이었으나 도시 재생 사업의 일환으로 예술의 섬으로 변모한 곳이다. 섬 곳곳에 쿠사마 야요이의 《호박》을 비롯해 예술 조형물이 설치되어 있으며, 안도 다다오의 베네세 하우스, 지추미술관, 이우환 갤러리 등 예술적인 공간으로 가득하다.

72 알레치 빙하

사람 사이의 말은 서로 마음을 베는 칼날 같습니다.
말없이 품어주는, 푸근한 자연이
늘 고마운 이유가 그 때문이기도 합니다.

🇨🇭 **위치 : Aletsch Glacier, Switzerland**

스위스 발레주의 동부 베른 알프스에 위치한 알레치 빙하는 알프스산맥 최대의 빙하로 유명하다. 길이가 무려 23킬로미터에 이른다. 2001년부터 유네스코 세계자연유산에 지정되어 있다.

73 마법의 거울

루체른이었습니다.
강물이 흐르니 세월도 흘렀습니다.

흐르는 세월을 보니 지나온 길도 보입니다.
지나온 길을 보니 가야 할 길도 그려집니다.
여행은 과거와 현재 그리고 미래를 함께 보는
마법의 거울과 같지요.

 위치 : Luzern, Switzerland

스위스 중부 루체른 호숫가에 있는 루체른은 스위스에서 중세 시대의 모습을 가장 잘 간직한 도시로서 스위스 여행의 필수 코스다. 500년 된 카펠교와, 어우러진 구시가의 모습이 고풍스럽고 아름답다.

74 부라노의 꿈

돌이켜보면
풍경도, 여행도
모두 꿈같습니다.

꿈꾸듯 살아가는 게
거친 세상에서 우리의 사명이 아닐까요.

🇮🇹 **위치 : Burano, Italy**

이탈리아 동쪽 아드리아해 위에 떠 있는 수상 도시이며, 베네치아에서 수상 버스를 타고 50분 내외면 도착할 수 있다. 선명하고 다양한 파스텔 톤으로 칠해진 주택들이 선사하는 화사한 풍경으로 유명하다.

75 우유니 풍경

돌이켜보면
풍경은 멀어질수록 아름다웠고
사람은 가까워질수록 애틋해졌습니다.

🇧🇴 위치 : Potosi, Bolivia

볼리비아 포토시주의 우유니 마을에서 칠레 국경까지 이어지는 2박 3일 차량 투어를 하면 다양하고 독특한 지형과 호수와 산들 그리고 호수에서 살아가는 홍학 무리들을 접할 수 있다. 해발 4천 미터 이상의 고원지대에서 만나는 풍경이 정말 톡톡하고 인상적이다.

76 시모나다 간이역 벤치

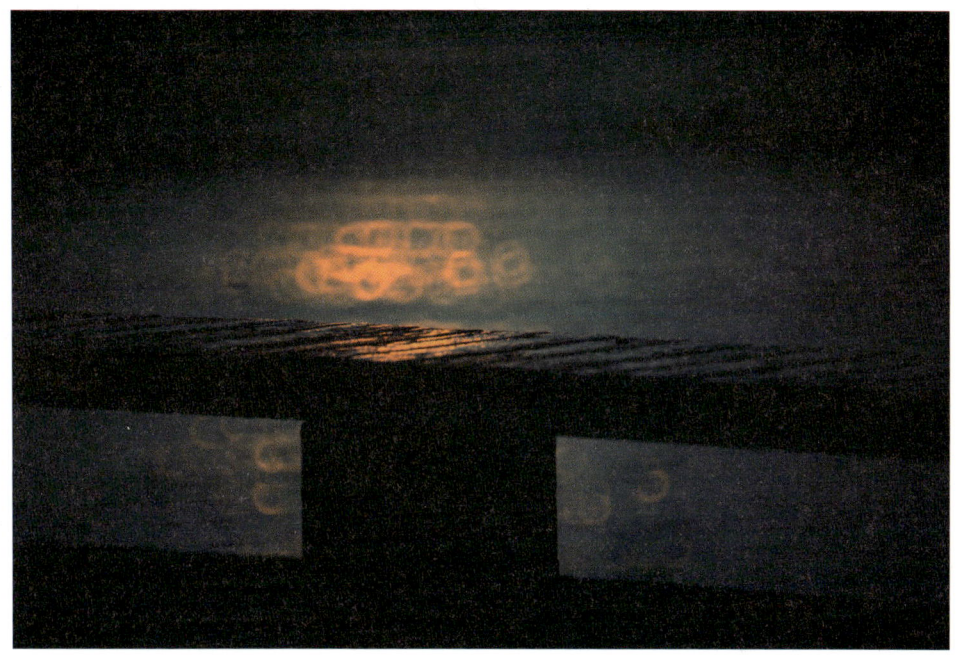

아스라한 석양이
간이역 의자에 머물렀습니다.
무심히 스쳐 가는 순간에도
인생의 아름다운 빛은
우리 곁에 머물러 있습니다.
그걸 발견할 수 있는 안목은
우리에게 달려 있어요.

🇯🇵 위치 : Shimonada, Shikoku, Japan

시코쿠의 에히메현에 있는 시모나다 기차역은 바로 앞 세토 내해를 향해 있는, 소박하지만 아름다운 간이역이다. JR 시코쿠 요산선의 무인 철도역이다. 소박한 벤치에 앉아 바라보는 일몰이 환상적인 곳으로 유명하다.

77   피렌체 두오모

구시가 골목을 요리조리 걷다가도
멀리 긴 소실점 사이로 두오모가 보이면
마음이 놓였습니다.

늘 그 자리에 있으니
여행자는 그저 배회하면 될 일입니다.

피렌체가 좋은 까닭은
그런 안도감 때문인지도 모릅니다.

위치 : Firenze, Italy

소설과 영화 《냉정과 열정 사이》의 배경으로 더욱 사랑을 받았던 피렌체는 두오모 대성당을 중심으로 구시가가 형성되어 있다. 좁은 골목 사이로 하늘을 바라보면 웅장한 두오모의 돔이 인상적으로 다가오곤 한다.

78 삶의 자취

마테라를 찾아가는 길은
조금 불편하지만
황량한 협곡 사이
오랜 세월 동안 쌓아온
삶의 자취는 경이롭습니다.

🇮🇹 위치 : Matera, Italy

이탈리아 남부 바실리카타주의 소도시이며 선사시대 동굴 거주지인 새시로 유명한 곳이다. 아펜니노산맥의 깊숙한 계곡 속에 형성된, 이탈리아 남부 여행의 백미와 같은 곳이다.

79 팔미라 유적

어느 해 겨울,
시리아의 팔미라 광야에서 왕들의 무덤을 바라보았습니다.
긴 세월이 묻혀 있고, 역사가 잠들어 있는 곳이었습니다.

삶은, 그리고 삶을 바라보는 일은
늘 과거와 현재의 경계를 걷는 일입니다.

 위치 : Palmyra, Syria

기원 후 1~2세기에 건설된 고대 도시 팔미라는 현재 시리아 타드무르에 위치한 유적지다. 고대 그리스군의 전초기지였다가 로마에 합병되어 큰 성장을 이루면서 현재의 모습을 갖추었다. 안타깝게도 시리아 내전으로 많은 유적들이 파괴되었다.

80 폰테 베키오

인생의 길을 걷는 일은 마법과 같습니다.
늘 놀라운 일들이 펼쳐지니까요.
아침을 걸으며 지난 밤들을 돌아봅니다.
인생은 신비의 상자와도 같습니다.
어느 순간 예기치 못한 일들이 벌어지지요.
그건 사람의 힘으로도 어찌할 수 없는 그 무엇.

살아보면 누구나 계절의 순환도 알겠고,
세상의 이치도 보이고,
생로병사도 어느새 받아들이는 나이가 됩니다.

그래도 아직은
살아가는 일이 늘 새롭고
사랑하는 일이 감격스럽고
놀랍고 감사한 날들입니다.
눈부신 아침 햇살 속을 걸으면 더욱 그러합니다.

🇮🇹 **위치 : Ponte Vecchio, Firenze, Italy**

피렌체에서 가장 오래된 Vecchio 다리여서 '베키오 다리'로 이름 붙은 이 다리는 예전에는 도축장이 있어서 늘 악취가 심했는데, 이를 싫어한 피렌체 시에서는 보석 상점들로 베키오 다리 위를 정비했다. 다리 위에 상점들이 길게 늘어선 독특한 건축 형태를 볼 수 있다.

81 샤프하우젠

잠시 분주한 마음을 내려놓고
쉬어 가는 발걸음이
더 먼 길을 가게 해줍니다.

위치 : Schaffhausen, Switzerland

스위스 북부 샤프하우젠주의 주도다. 중세 길드들이 지배했던 도시였고, 그 시대 건축물들이 가득하다. 길드들이 건설한 주택들의 퇴창과 벽면의 화려함을 볼 수 있다. 샤프하우젠 바로 근처에 유명한 라인폭포가 있다.

82 몰레종 산길

지금 당신에게 필요한 것.

자연.
맑은 공기.
여행.
마음의 사람.
진한 커피.

위치 : Moleson, Switzerland

몰레종은 스위스 남부 프리부르주에 속해 있는 프레 알프스 지역에 속한다. 아직은 현지인들만 주로 찾는다. 알프스의 청정한 자연으로 가득한 곳이다.

83 아실라 푸른 일몰

여행길에서만 만나는
신비로운 빛과 색채가 있습니다.
그런 순간들 때문에
여행이 지속될 수 있습니다.

★ 위치 : Asilah, Morocco

모로코의 서해안 대서양 해안 마을이 바로 아실라다. 일몰 무렵 대서양을 바라보며 휴식을 취할 수 있는 작은 마을이다. '세계벽화축제'로 유명한 곳이며 구시가 건물 벽면마다 아름다운 벽화들이 그려져 있다.

84 피츠로이 가는 길

아르헨티나의 파타고니아,
남쪽으로 남쪽으로 끝없이 달렸습니다.
마침내 세계 5대 미봉, 피츠로이가
보이기 시작했습니다.
심장이 뛰기 시작했습니다.
여행은 늘 우리와 함께하는
살아 있는 무엇입니다.

🇦🇷 위치 : On the Road to Cerro Fitzroy, Argentina

세계 5대 미봉으로 손꼽히는 피츠로이는 아르헨티나의 남쪽 파타고니아 지역에 속해 있다. 파타고니아의 남쪽 엘 찰텐 마을 뒤로 산길 트레킹을 하면 피츠로이 봉우리를 눈앞에서 감상할 수 있다.

85 암스테르담 운하 반영

집집마다 각각의 모양과 크기의 창문이 모여
커다란 패턴을 만들었습니다.

누구를 따라가지 않고
스스로의 모습을 지킬 때
오히려 더 빛나는 존재가 될 수 있습니다.

🇳🇱 **위치 : Amsterdam, Netherlands**

네덜란드의 수도인 암스테르담은 반원형으로 이루어진 세 개의 큰 운하로 둘러싸인 구시가가 특히 아름답다. 2010년 유네스코 세계문화유산으로 지정되었다. 반 고흐 박물관, 암스테르담 국립미술관, 안네 프랑크의 집 등 다양한 명소가 있다.

86 쉐프샤우엔 푸른 공기

쉐프샤우엔에 저녁이 오면
푸른 공기 속을 조용히 걷습니다.
칠흑 같은 밤이 오기 전에
푸른빛이 아직 남아 있는 시간.

밤처럼 어두운 절망의 시간은 아직 오지 않았기에
한 걸음이라도 더 걷다 보면
어느새 목적지에 다다를 수도 있으니 말입니다.

위치 : Chefchaouen, Morocco

모로코 북부에 위치한 도시로 페스에서 북쪽으로 140킬로미터 거리에 있다. 골목과 주택들이 푸른색으로 칠해져 있어서 모로코에서 가장 포토제닉한, 푸른색의 도시로 유명하다.

87 호수를 바라보다

외롭지 않기 위해
홀로 넓은 호숫가에 앉아
오랫동안 바라볼 수 있어야 합니다.

말의 공허함을 알기에
점점 말을 버리고 있습니다.

관계가 지닌 허망함을 배웠기에
점점 고독하기로 했습니다.

말이 사라지자
언어가 이해되었습니다.

공허한 관계를 떠나자
사람이 보이기 시작했습니다.

묵묵히 호수를 바라보는 일은
깊은 언어를 얻고
진짜 내가 되는 일입니다.

위치 : Vevey, Switzerland

스위스 남부 레만 호숫가에 위치한 브베는 라보 포도밭 지구의 중심에 속해 있다. 제네바와 몽트뢰 사이에 위치해 있으며 라보 지구의 중심지답게 와인으로 명성이 높다. 100년 동안 4번 정도 개최되는 '와인 장인의 제전' 축제가 열리는 곳이기도 하다.

88 석양 속 알람브라궁전

알바이신 언덕에 올라서
알람브라궁전과 그 너머
시에라네바다산맥을 바라봅니다.

불그스름한 노을이 번질 때에야
비로소 나만의 그라나다 여행이
완성되었습니다.

🇪🇸 **위치 : Alhambra, Granada, Spain**

알람브라궁전은 이베리아반도에 정착한 무어인들이 스페인의 그라나다에 건설한 아랍식 궁전이다. 규모는 크지 않지만 아랍 양식의 정교한 디테일과 아름다움으로 극찬을 받고 있다. 기독교와 이슬람 건축의 절충이라고도 말해진다.

89 무인도

망망한 바다 위 무인도 하나.
햇살이 바다 위에 반짝였습니다.

홀로 있어도 스스로를 충만하게 하는
무언가가 있을 때 외롭지 않습니다.
여행은 그런 충만함을 찾아가는 항해입니다.

🇯🇵 **위치 : Shikoku, Japan**

시코쿠는 일본 열도를 구성하는 4개의 주요 섬들 중에서 가장 작은 섬이며 일본의 남쪽에 위치해 있다. 도쿠시마, 카가와, 에히메, 고치 등 4개의 현으로 구성되어 있다. 북쪽으로 세토 내해와 접해 있으며 다양한 섬들이 산재해 있다.

90 블레드 호수처럼

잔잔한 듯 고요하지만
끊임없이 흐르는 강물처럼 세월도 흐릅니다.
인생은 어쩌면 물살에 번지는 그림자 같은 것.
물살에 흐트러지는 풍경처럼
단호하던 마음도 세월에 허물어지면
그저 남는 건 각자의 인생이,
자신만의 여행이 아름다웠다는 한마디.

🇸🇮 위치 : Bled, Slovenia

슬로베니아에서 가장 인기 있는 여행지는 단연 블레드 호수다. 잔잔한 호수 한 가운데 블레드 섬이 있고, 호수 가장자리 높은 언덕 위에는 블레드성이 그림처럼 솟아 있다.

91 아틀라스산맥

모로코를 여행하던 그해 겨울.
거친 황야를 달리다 보면 설산이 늘 따라왔습니다.
튼튼한 척추 같은 아틀라스 산자락이
그 겨울 여행의 배경이 되어주었습니다.
여행이든 사진이든 인생이든
배경을 통찰하는 눈이 있어야 합니다.

★ 위치 : On the Road to Marrakesh, Morocco

아프리카 북단 모코로의 척추와 같은 산맥이 바로 아틀라스산맥이다. 아프리카 북서부 모로코, 알제리, 튀니지에 걸쳐 있으며 길이는 약 2,400킬로미터에 이른다. 가장 높은 산은 투브칼Toubkal산으로 해발 4,165미터다. 모로코를 여행할 때 늘 배경처럼 펼쳐지는 산맥이며, 지중해와 대서양으로부터 사하라사막을 가로막으며 길게 솟아 있다.

92 아실라의 집

푸른 하늘까지 생각하고
집을 색칠했나 봅니다.

대서양 바닷가 마을, 아실라.
유난히 상쾌했던 아침 산책이었습니다.

위치 : Asilah, Morocco

아실라는 모로코 북부 대서양 해안의 작은 도시다. 북부의 대표적인 항구도시인 탕헤르에서 남서쪽으로 35킬로미터 거리에 있다. 중세 시대 포르투갈과 스페인이 각기 한 세기 정도 지배했던 까닭에 아직도 유럽 양식의 건축물이 남아 있어서 아랍의 문명과 묘한 공존의 아름다움이 느껴지는 곳이다. 특히 매년 국제벽화축제가 펼쳐지는데, 구시가 건물의 벽마다 다채로운 벽화들로 장식되어서 특히 아름답고 인상적인 곳이다. 술탄 물라이 이스마일이 세운 대사원과 레솔르스 궁전 등이 랜드마크이며, 대부분은 아기자기한 구시가의 골목과 집들이 볼거리다.

93 잉카제국의 마지막 수도

열 몇 시간 동안 버스를 타고 거친 길을 달려
마침내 잉카제국의 마지막 수도,
쿠스코에 도착했습니다.

높은 고도로 인해 숨이 차올랐지만,
가슴은 여행의 기대로 설레었습니다.

여행은 늘 그렇게 살아 있음을 확인하는 과정입니다.

🇨🇦 **위치 : Cusco, Peru**

페루 안데스산맥에 위치한 고산도시로서 도시의 고도가 해발 3,400미터에 이른다. 과거 잉카제국의 마지막 수도였으며, 근처에 마추픽추가 있어서 여행자들이 몰려드는 곳이다.

94 각자의 시선대로

베키오 궁전 앞 거대한 넵튠의 분수가
햇살에 눈부시게 반짝거렸습니다.
여행자들은 저마다의 자세로,
각자의 시선대로 그 찬란한 순간을
바라보고 기록했습니다.
행복은 그렇게 반짝거리고
찬란하게 빛나는 무엇입니다.

🇮🇹 **위치 :** Fontana del Nettuno, Firenze, Italy

피렌체 구시가 시뇨리아 광장에 위치한 '넵튠의 분수'는 1575년에 바르톨로메오 암만나티가 건설한 유서 깊은 분수다. 당시 메디치가의 피렌체 공국이 바다 너머 멀리까지 통치하게 되기를 기원하는 의미를 담고 있다고 한다.

95 나라는 존재

산타 키아라 성당 앞 광장에서 바라보던
아시시 마을 아래 움브리아 들녘의 평온함.
햇살에 반짝이는 올리브 숲과 그 위로 흘러가던 구름의 속도.
여행 속에서 더욱 빛나던 나라는 존재.
돌이켜보니 오, 감미로워라.
여행의 시간들.

🇮🇹 **위치 : Assisi, Italy**

이탈리아 중부 움브리아주에 속해 있는 코무네(작은 행정단위의 도시)다. 특히 프란치스코 수도회를 세운 아시시의 성자 프란치스코의 고향 마을로 유명하다. 13세기에 건설된 성프란치스코성당 지하에 프란치스코의 무덤이 있다.

96 세체니 다리 야경

해가 지고 어둠이 내리기 전
푸르스름한 매직아워 아래
황금빛으로 빛나는
은은하고 평온한 부다페스트 야경처럼
그런 그윽한 존재이고 싶습니다.

위치 : Budapest, Hungary

세체니 다리는 부다페스트의 대표적인 다리로서 왕궁이 있는 부다 지구와 동쪽의 페스트 지역을 이어준다. 다뉴브 강(도나우강)에 건설된 현수교이며 부다페스트 최초의 다리로서 1849년에 건설되었다.

97 리구리아 바다

"그대가 오랫동안 심연을 들여다볼 때,
심연 역시 그대를 들여다본다."

니체의 이 말처럼 우리는
무언가를 관조하는 시간이 필요합니다.

■ 위치 : Mar Ligure, Italy

이탈리아의 서쪽 리구리아주, 토스카나주와 엘바섬 사이 지중해 해역의 바다를 말한다. 리구리아해 북쪽의 제노바가 가장 큰 도시이며 친퀘테레가 가장 인기 있는 여행지다.

98 세월의 추억

세월이 흐를수록
노을이 아름답습니다.
계절이 바뀔수록
추억이 애틋해집니다.

우리의 삶도 나이가 들수록
더 아름답고 애틋해집니다.

🇮🇹 위치 : Val d'Orcia, Toscana, Italy

발도르차는 이탈리아 중부 토스카나주의 시에나 지역에 속한 넓은 구릉지대를 말한다. 예전에는 시에나 공화국의 영토였고 경작에 적합하지 않은 땅이었으나, 중세 귀족들의 노력으로 약 300년에 걸친 토양 개량을 통해 현재는 와인용 포도밭과 올리브밭으로 활발하게 이용되고 있다.

99 메세 바젤

바젤이 아름다운 이유는
옛것과 새것이 조화를 이루고 있기 때문입니다.

🇨🇭 **위치 : Basel, Switzerland**

스위스 북쪽 라인강 변에 위치한 바젤은 다양한 전시회와 아트 바젤로 유명한 상업과 예술의 도시다. 특히 건축으로도 유명한데 메세 바젤에 위치한 원형 건축물은 스위스를 대표하는 건축가 헤르조그 앤 드 뫼롱Herzog & de Meuron에 의해 건설되었다.

100 제네바의 밤

나는 밤은 두렵지 않습니다.
빛이 사라질까 두려울 뿐입니다.

위치 : Genéve, Switzerland

취리히 다음으로 스위스를 대표하는 제2의 도시답게 야경이 화려하다. 레만 호수와 론강과 함께 어우러진 도시의 건물들은 밤이 되면 불빛을 밝혀서 야경을 감상하기에도 좋은 곳이다.

101 나폴리 바닷가

나폴리 노인들이 주로 모여서
베수비오산을 앞에 두고
수영을 즐기고 있었습니다.
단단한 바위 같은 거친 세월을 살아낸
그들은 마치 각자가 하나의 바위 같았습니다.
태양이 바다로 떨어지는 눈부신 순간,
뜨겁던 내 여행의 시간도 잠시 빛났습니다.

🇮🇹 위치 : Napoli, Italy

이탈리아 남부에 있는 대표적인 항구도시이며 캄파니아주의 주도다. 베수비오 화산과 아말피 해안이 나폴리 아래로 자리 잡고 있으며 폼페이, 소렌토, 포시타노 등 남부 여행의 거점 도시이기도 하다.

102 두브로브니크 시간 여행

한없이 푸르른 아드리아해,
붉은 지붕의 두브로브니크.
강렬한 색감의 콘트라스트 속에
성벽을 거닐던 그 시간.

결국 우리 모두는
시간 여행자입니다.

🇭🇷 위치 : Dubrovnik, Croatia

크로아티아 달마티아 남부의 아드리아 해안가에 위치한 중세 도시다. 온전히 보존된 중세 도시의 건축물과 성벽으로 인해 '아드리아해의 진주'라는 별명으로 불린다. 구시가를 둘러싼 성벽을 따라 한 바퀴 돌 수 있는데, 성벽에서 바라보는 구시가의 붉은 지붕과 아드리아해의 푸른 색채의 대비가 환상적이다.

103　모순적인 여행

걸을수록 토스카나는
고흐의 그림 속 풍경처럼
생생하게 마음 속에서 요동쳤어요.

뭉게구름이 먹구름으로 흐려질수록
풍경은 강렬해졌고
마음은 이상하리만치 더욱 고요해졌어요.

사이프러스와 소나무들이
듬성듬성 서 있는
발도르차의 능선을 지나갈 무렵.

마치 시간이 멈춘 듯한
영원한 찰나의 모순.

토스카나라는 공간을 걸으면서
마음은 시간을 오가는
모순적인 여행을 하고 있었어요.

🇮🇹 **위치 : Val d'Orcia, Toscana, Italy**

발도르차는 이탈리아 중부 토스카나주의 시에나 지역에 속한 넓은 구릉지대를 말한다. 예전에는 시에나 공화국의 영토였고 경작에 적합하지 않은 땅이었으나, 중세 귀족들의 노력으로 약 300년에 걸친 토양 개량을 통해 현재는 와인용 포도밭과 올리브밭으로 활발하게 이용되고 있다.

104 바젤 구시가 산책

따사로운 오후 햇살이
골목 틈새로 비춰들 때면
마음이 따스해집니다.

고된 여행의 시간 속에서도
우리는 따스한 체온을 간직한 사람들.

분주한 스케줄 속에서도
따스한 햇살 속을 걷는 이의 마음처럼
잠시 그 시간에 머무르고,
사람의 마음을 생각해봅니다.

위치 : Basel, Switzerland

스위스 바젤은 유럽에서 가장 온전하게 구시가가 보존된 도시로 손꼽힌다. 라인강을 기준으로 남쪽으로 형성된 구시가는 건축물마다 연도가 새겨져 있는데 중세 시대에 건설된 건물들이 골목에 가득하다.

105 알베로벨로

어른이 되어가면서
우리는 동화를 잃어버렸습니다.

잠시나마 그 잃어버린 동심을
회복시켜주는 곳이 바로
풀리아주의 보석,
알베로벨로입니다.

 위치 : Alberobello, Italy

이탈리아 남부 풀리아주의 알베로벨로는 트룰로라고 불리는 독특한 건축 형태로 유명한 소도시다. 석회석의 원뿔 구조로 건설된 트룰로는 알베로벨로만의 특징적인 건축 형태로 1996년부터 유네스코 세계문화유산으로 지정되어 보호받고 있다. 1,500여 채의 트룰로가 장관을 이루고 있다.

106 빨간 시트로엥

멋진 엔진 소리에 엄지를 치켜세우니
50년 정도 되었다며 초록색 티를 입은 어르신이
자신의 시트로엥 되 슈보를 자랑스럽게 말합니다.

역사를 품은 클래식은
영원히 아름답습니다.

🇮🇹 **위치 : Firenze, Italy**

시트로엥은 1919년 앙드레 시트로엥André Citroën(1878~1935)이 설립한 자동차 기업이다. 시트로엥 되 슈보는 1948년부터 1990년까지 생산된 경차다. '되 슈보Deux Chevaux(2CV)'는 프랑스어로 '두 마리의 말'이라는 뜻이다. 당시 프랑스의 마력 기준 세금 제도에서 나온 명칭으로 '2CV급 세금이 부과되는 차'라는 의미라고 한다.

107 파도치는 마나롤라

파도치는 바다와
가파른 절벽 위
그림 같은 마나롤라!

바라보기만 해도
행복한 풍경이 있습니다.

🇮🇹 **위치 : Manarola, Italy**

이탈리아 서쪽 리구리아 해안의 대표적인 여행 명소인 친퀘테레의 두 번째 마을인 마나롤라는 야경도 아름답지만 환한 낮에 바라보는 리구리아 바다와 깎아지른 절벽 위 파스텔 톤의 마을도 특히 환상적이다.

108 루마니아의 새벽

루마니아의 황량한 들판을
달리던 어느 해 가을이었습니다.
사소한 나무들이 지평선을 따라 늘어서 있었고,
대기는 뿌옇게 흐렸습니다.
회화 같은 풍경이 그렇게 아름답게 보인 건
흐릿한 안개 탓일지도 모릅니다.
명확하게 모든 게 정의되는 것보다
때로는 모호함 속에 소중한 가치가 있을 수도 있습니다.

🇷🇴 **위치 : Somewhere in Romania**

동유럽에서 가장 큰 나라인 루마니아는 1989년 공산 정권이 붕괴된 후 1990년 민주화를 이루며 새 역사를 시작했다. 2007년 유럽연합의 정식 회원국이 되었다. 흑해로 흘러가는 다뉴브강은 유럽에서 두 번째로 큰 삼각주를 형성하고 있다.

109 기다림의 여정

인적 없는 밤,
별을 찾아 순례자처럼 암흑을 걸었습니다.
별빛은 구름에 가리웠고,
마터호른마저 조금만 보였습니다.

한참을 기다리고 그저 바라만 보았습니다.
모든 게 내 생각대로 되지는 않습니다.
그래도 나는 최선을 다할 뿐입니다.

인생의 별도
암흑 같은 인내의 시간과
언덕 같은 거친 공간을 지나
볼 수 있을 수도, 없을 수도 있습니다.

하지만 그 과정 자체가
별보다 아름다운 빛의 여정이라는 생각이
어렴풋이 보이는 마터호른처럼
희미하지만 분명하게 새겨졌습니다.

위치 : Zermatt, Switzerland

스위스 남부 발레주의 대표적인 산인 마터호른을 보기 위해서는 체르마트를 거점으로 삼아야 한다. 휘발유를 연료로 사용하는 자동차가 다닐 수 없도록 해서 청정한 자연과 공기를 유지하고 있는 곳이다. 밤이 되면 마터호른 위로 하늘 가득 별이 총총 빛난다.

110 평화로운 아침

나만의 평화의 공간,
나만의 평온의 시간,
나만의 아침 산책은 행복입니다.

🇮🇹 위치 : Spello, Italy

고대 로마 시대에 건설된 스펠로는 이탈리아 중부 움브리아주의 페루자에 속한 대표적인 소도시다. 산비탈에는 올리브 나무들이 자라고 마을 아래 들판은 전형적인 이탈리아 시골 마을의 풍경을 보여준다.

111 어둠을 수놓은 베네치아

수많은 사람들이 어디론가 사라지고,
그저 작은 파도 소리만 들리고,
배들의 궤적이 어둠을 수놓던
밤의 베네치아.

아름다운 건 어쩌면 홀로 있을 때
가장 뚜렷하게 보입니다.

🇮🇹 위치 : Venezia, Italy

아드리아해의 수상 도시인 베네치아는 야경이 특히 아름답고 낭만적인 곳이다. 조명이 들어온 산마르코 광장도 아름답고, 산조르조 마조레 성당을 마주 보고 있는 곤돌라 선착장이나 탄식의 다리 위에서 바라보는 야경도 인상적이다.

112 알프스 산길

알프스 계곡 사이로 계속 길이 이어졌고 발걸음은 걸을수록 가벼워졌습니다.
자연 속을 끝없이 배회하는 것만큼 마음을 씻어주는 행위가 또 어디 있겠습니까.

🇨🇭 **위치 : Jungfrau regions, Switzerland**

스위스 융프라우 지역에는 다양한 트레킹 코스들이 곳곳에 있다. 특히 그중에서도 클라이네 샤이데크 기차역에서 맨리헨까지 가는 길은 아이거의 북벽을 배경으로 그린델발트 지역을 내려다보며 걷는 최고의 트레킹 코스로 손꼽힌다.

113 어둠 속의 빛

당신이 어둠 속에 있다고 괴로워할 때도 사실은
당신이 보지 못하는 빛이 당신을 감싸고 있습니다.

🇨🇭 위치 : Vevey, Switzerland

스위스 남부 레만 호숫가에 위치한 브베는 라보 포도밭 지구의 중심에 속해 있다. 제네바와 몽트뢰 사이에 위치해 있으며 라보 지구의 중심지답게 와인으로 명성이 높다. 100년 동안 4번 정도 개최되는 '와인 장인의 제전' 축제가 열리는 곳이기도 하다.

114 티롤 알프스, 인스브루크

티롤 알프스가 병풍처럼 둘러싼 곳,
겨울이지만 따스한 감성이 가득한 그곳,
인스브루크처럼 따스한 사람이 되어야겠습니다.

위치 : Innsbruck, Austria

인스브루크는 오스트리아 티롤 알프스의 중심 도시이자 티롤주의 주도다. 특히 동계 스포츠의 중심지로서 1964년, 1976년 2회에 걸쳐 동계올림픽을 개최한 도시로 유명하다. 또한 세계적으로 유명한 보석 업체인 스와로브스키의 본사가 이 도시에 위치해 있다.

115 대서양 바닷가, 에사우이라

먼 바다를 향해 있는 옛 요새와
거친 해안선을 따라 하얗게 부서지는 포말,
그 위로 눈부시게 쏟아지는 햇살.
걷다가 바라보고, 바라보다가 걸었던
찬란한 여행의 시간들.
거친 대서양의 파도가 철썩이는
자유로운 영혼들의 고향, 에사우이라였습니다.

★ 위치 : Essaouira, Morocco

모로코 서쪽 대서양 해안가에 위치한 항구도시다. 1960년대까지는 모가도르Mogador로 알려져 있었다. 옛 모습이 그대로 남아 있는 구시가인 메디나와 선착장에 가득한 어선들이 인상적이다. 1960년대 말에는 히피들의 도피처로 유명했다.

116 포로 로마노 두 연인

무너진 고대 유적들 사이를 거닐다 보면
그저 사람이란 허망한 그림자 같아
서글퍼집니다.

모든 욕망도
그저 허무의
또 다른 지시어.

그래서 늘 처음엔 "와~." 하다가도
떠날 때면 마음이 괜히 허전해지는 곳이 바로
로마입니다.

■ 위치 : Roma, Italy

포로 로마노는 이탈리아 로마를 대표하는 고대 유적지 중의 하나로, 로마제국 시대의 정치와 문화의 중심지였다. 콘스탄티누스 대제 시절 마지막으로 대대적으로 보수공사를 한 후 로마제국의 분열과 쇠퇴로 인해 포로 로마노도 쇠락해갔다. 이민족의 침입 영향으로, 그리고 로마 시민들이 자신들의 주택 보수를 위해 석재를 떼어 가면서 더욱 파괴되었다.

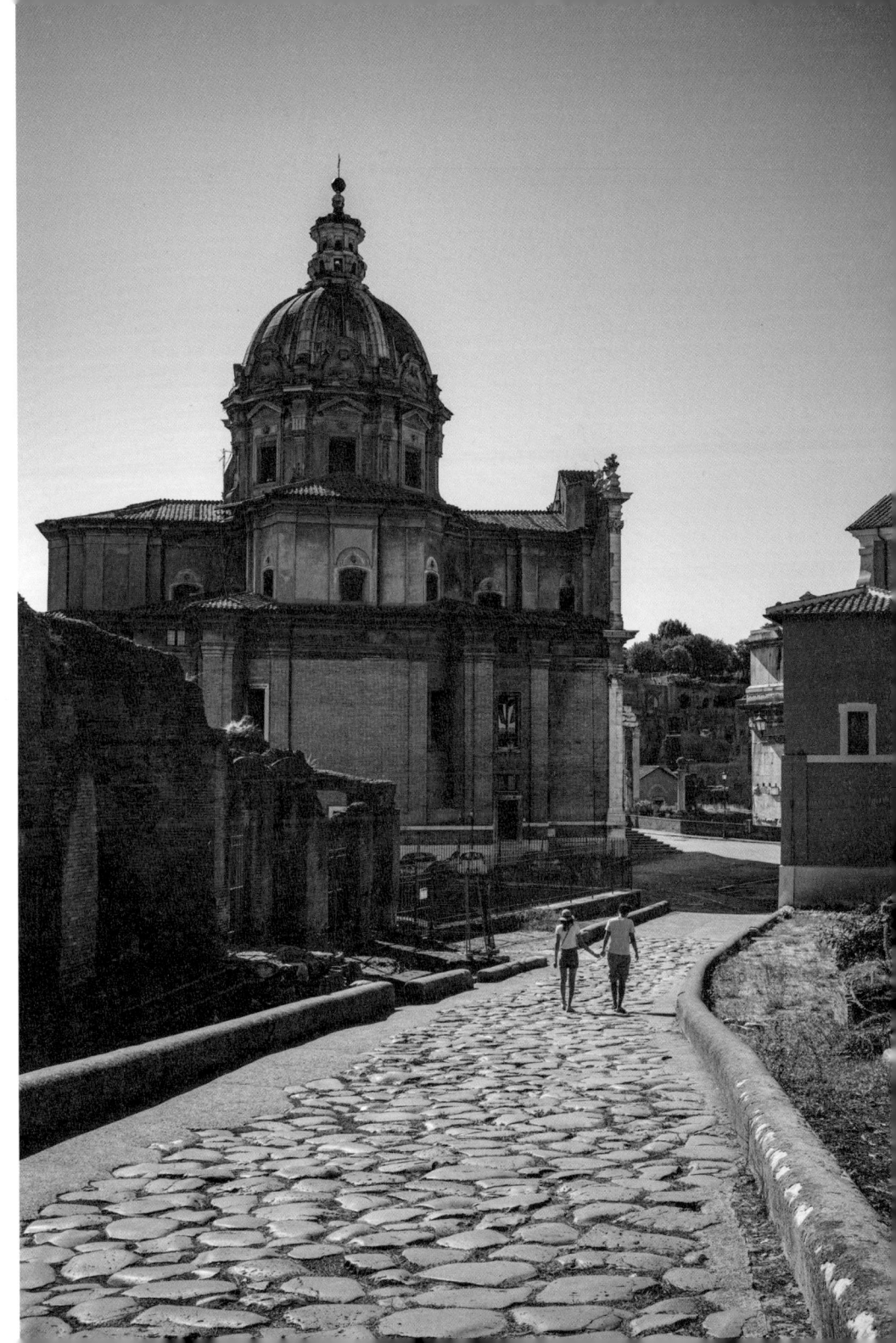

117 발트해의 보석, 탈린

그 옛날 바이킹들의 무용담과 튜톤 기사단의 은밀한 이야기들,
한자동맹 상인들의 무역선에 함께 실려 왔을 수많은 신비한 이야기들이
지금도 구시가 어느 선술집에서 회자되고 있을지도 모르는 곳, 탈린입니다.

탈린은 한껏 상상의 나래를 펼치게 하는 묘한 매력이 있는 곳입니다.
여행은 현실을 잊고 잠시나마 상상의 세계를 맘껏 유영하는 공간이기도 합니다.

위치 : Tallinn, Estonia

탈린은 발트 3국 중 한 나라인 에스토니아의 수도이며 에스토니아 중북부에 위치해 있다. 핀란드 헬싱키에서 바닷길로 80킬로미터 거리에 있다. 중세의 모습이 온전히 보전된 구시가는 마치 중세 시대를 재현한 영화 세트 같은 느낌이 든다. 올드한자와 같은 중세식 식당도 방문해볼 만하다.

118 루브르의 밤

소란스런 여행자들이 사라진 밤의 공간,
묘히게 설레이던 빛과 어둠의 시간.

여행자를 설레게 하는 건
그런 공간과 시간이 교차하는 순간입니다.

🇫🇷 위치 : Musée du Louvre, France

루브르박물관은 프랑스 파리에 있는 세계 3대 박물관 중의 하나이자, 오르세미술관, 퐁피두 센터와 함께 파리의 3대 미술관으로 인정받고 있다. 다빈치의《모나리자》, 밀로의《비너스》, 사모트라케의《니케》가 루브르 3대 대표작으로 손꼽힌다. 건축가 이오밍 페이가 건설한 유리 피라미드는 초기에는 반대가 많았으나 현재는 옛 궁전과 조화로운 건축물로 인정받고 있다.

119 어떤 순간

어떤 미묘한 순간이 있습니다.
결정적 순간이나 영원한 찰나와 같은
거창하고 상투적인 문구로 표현하기 힘든
생경하고 신선하면서 데자뷔 같은 묘한 느낌의 순간.
롤랑 바르트의 푼크툼처럼
가슴을 찔러 오는 각인의 순간이자
언어로 풀어내기 힘든 어떤 순간이 있습니다.

위치 : Kleine Scheidegg, Switzerland

클라이네 샤이데크는 스위스 베른주 융프라우 산악 지대에 있는 고개이며 산악 열차 기차역이다. 해발 2,016미터에 위치해 있으며 아이거 봉우리가 바로 앞에 있다. 융프라우 산악 열차 노선의 중간 핵심 지역으로, 여기서 융프라우요흐 정상역을 가는 JB열차를 타거나 그린델발트나 라우터브루넨으로 내려갈 수 있는 산악 열차를 갈아탈 수 있다.

120 담과 바다

담장 하나만 넘어가면
망망한 대서양이 끝없이 펼쳐지는 바닷가 마을.
스스로 경계의 담을 세워버리면
세상의 절반만을 보고 살아가게 됩니다.

마음의 벽을 허물고
무한한 가능성과 도전의 바다로 한 걸음 나아가야 합니다.

★ 위치 : Asilah, Morocco

아실라는 모로코 북부 대서양 해안의 작은 마을이다. 북부의 대표적인 항구도시인 탕헤르에서 남서쪽으로 35킬로미터 거리에 있다. 과거 포르투갈과 스페인의 지배를 받은 탓에 유럽 양식의 건축물이 남아 있다. 특히 매년 국제벽화축제가 열리는데, 구시가 건물 벽마다 다채로운 벽화들로 장식되어 특히 인상적인 곳이다.

121 감시의 눈

누구일까.
지붕의 창문을
감시하는 눈처럼 만든 사람이.

여행은 그렇게 창조적인 영감을 줍니다.

위치 : Sibiu, Romania

시비우는 루마니아 트란실바니아 지방에 속한 도시인데, 지리적으로 루마니아의 한가운데 위치해 있다. 원래 오스트리아-헝가리 제국에 속해 있었으나 제1차 세계대전 이후에 루마니아 왕국의 영토에 속하게 되었다. 건물의 지붕마다 있는 눈처럼 생긴 창문이 마치 과거 독재자의 감시처럼 느껴진다고 해서 '감시자의 눈'이라는 별명으로 불리기도 한다.

122 쿤스트하우스 빈

인간과 자연의 공존을 주장한
건축가 훈데르트바서.
자연과 어울린 건축물이
눈앞에 멋지게 펼쳐졌습니다.
그렇게 공존이 가능하다는 것,
기쁜 일입니다.

위치 : KunstHaus Wien, Austria

오스트리아의 대표적 건축가이자 화가인 훈데르트바서의 이념을 구현한 박물관이다. 그는 규칙에 얽매이지 않은 예술적 이념과 자연과의 조화를 추구한 자연주의적 철학을 토대로 건축을 했다. 쿤스트하우스 빈은 '녹색의 박물관'이라는 별명을 갖고 있다.

카스텔루치오 색채

여행이란
나의 색채를 찾아가는 과정입니다.
낯선 풍경 속에서
나의 색채를 발견할 수 있습니다.

🇮🇹 **위치 : Castelluccio, Italy**

이탈리아 중부 움브리아주의 깊은 산 속에 숨어 있는 카스텔루치오는 작은 마을이며 렌틸콩 생산지로 유명하다. 무엇보다 마을 아래로 들판이 끝없이 펼쳐지는데 다양한 색의 꽃과 식물들로 인해 거대한 파스텔 그림처럼 장관을 보여주는 곳이다.

124 시간이 멈춘 도시, 마테라

시간이 멈춘 소도시, 이탈리아 남부에서도 가장 소외된
바실리카타주의 깊은 계곡 속에 숨어 있는 도시, 마테라.
2019년 유럽 문화수도로 지정되었으니
'이탈리아의 수치심'이라고 불리기까지 했던 고난과 소외의 세월을
이제는 보상받고 있는 건지도 모릅니다.

🇮🇹 **위치 : Matera, Italy**

이탈리아 남부 바실리카타주의 소도시이며 선사시대 동굴 거주지인 새시로 유명한 곳이다. 아펜니노산맥의 깊숙한 계곡 속에 형성된, 이탈리아 남부 여행의 백미와 같은 곳이다.

125 와인과 함께하는 여행

포도밭과 올리브 나무 무성한
움브리아 산자락.

와이너리 야외 테이블에 앉아
신선한 움브리아 와인과 진미를 맛보는 시간.

향긋한 와인 한 모금 머금고
따사로운 햇살과 흐르는 구름을 보던 그날.

🇮🇹 **위치 : Tili winery, Assisi, Italy**

이탈리아 중부에 위치한 움브리아는 조금 한적한 여행을 즐기기에 좋은 곳이다. 특히 소도시 아시시는 성 프란치스코의 고향으로 많은 순례자들이 찾는 곳이다. 수바시오산 자락을 따라 넓은 포도밭과 올리브밭이 끝없이 펼쳐져 있다.

126 페트라

요르단 남부
붉은 사암 계곡 속에
신비의 도시, 페트라가 있습니다.

드러내기보다 감추어져 있을 때
가장 아름다운 가치가 있습니다.

위치 : Petra, Jordan

'바위'라는 뜻을 지닌 페트라는 요르단 남서부에 위치한 고대 도시다. 현재는 유적들만 남아 있다. 아랍계 유목민인 나바테아인들이 고대에 건설한 산악 암벽 도시로, 붉은 사암으로 된 산과 절벽을 깎고 내부를 파서 건축물과 주거지를 만들었다. 대표적인 유적은 알카즈네 사원이며, 앗데이르 수도원 등 곳곳에 약 800여 개의 유적과 건축물이 남아 있다.

127 그리움

토스카나가 이토록 그리운 까닭은,
조용한 올리브 숲 언덕에 앉아 있노라면
따스한 하늘과 푸른 초원이
여행자의 마음 속을 충만하게 채우던
그 시간 때문입니다.

🇮🇹 위치 : Val D'orcia, Toscana, Italy

발도르차는 이탈리아 중부 토스카나주의 시에나 지역에 속한 넓은 구릉지대를 말한다. 예전에는 시에나 공화국의 영토였고 경작에 적합하지 않은 땅이었으나, 중세 귀족들의 노력으로 약 300년에 걸친 토양 개량을 통해 현재는 와인용 포도밭과 올리브밭으로 활발하게 이용되고 있다.

128 클라이네 샤이데크 기차역

톱니바퀴 철로를 따라 새빨간 융프라우반JB이 융프라우요흐 꼭대기로 향하기 전,
마지막 쉼터 같은 클라이네 샤이데크에서 여행자를 기다립니다.

여행자의 마음은 구름처럼 가벼웠고, 파란 하늘처럼 명랑했지요.

융프라우 구석구석
초록빛으로 마음을 물들이러 떠나보면 어떨까요?

🇨🇭 위치 : Kleine Scheidegg, Jungfrau regions, Switzerland

클라이네 샤이데크는 스위스 베른주 융프라우 산악 지대에 있는 고개이며 산악 열차 기차역이다. 해발 2,016미터에 위치해 있으며 아이거 봉우리가 바로 앞에 있다. 융프라우 산악 열차 노선의 중간 핵심 지역으로, 여기서 융프라우요흐 정상역을 가는 JB열차를 타거나 그린델발트나 라우터브루넨으로 내려갈 수 있는 산악 열차를 갈아탈 수 있다.

129 프라하 야경

시시각각 변하는 프라하의 밤은 여행자를 사색에 빠지게 합니다.
결국 강물처럼 모든 여행의 시간이 흐른 뒤에 다가올
칠흑 같은 공허가 두려운지도 모릅니다.
인생도 그렇습니다.
미래에 대한 안목이나 예견이 불확실한 인간이기에
삶이라는 여행도 불안할 수밖에 없습니다.
하지만 저렇게 빛나는 프라하성처럼
현재를 아름답게 살고자 하면 되는 게 아닐까요?

▶ 위치 : Praha, The Czech Republic

체코 프라하 야경은 프랑스 파리, 헝가리 부다페스트와 함께 유럽의 3대 야경으로 손꼽힐 정도로 아름답다. 특히 카렐교에서 바라보는 프라하성의 야경이 환상적이다.

130 마음이 쉬는 곳

누구나 자신이 가장 힘들 때
머물 수 있는 장소가 필요합니다.
마음이 쉴 수 있는 장소가 있다는 건
진정 행복한 일입니다.

🇨🇭 위치 : Montreux, Switzerland

그룹 퀸의 리더 프레디 머큐리의 유작 앨범에 담긴 곡들은 그의 영혼의 안식처였던 이곳 몽트뢰에서 만들어졌다. 《A winter's tale》 노래 속에는 몽트뢰에서 레만 호수와 알프스 산들을 바라보며 느낀 그의 서정이 가득 담겨 있다. 그 호숫가에는 몽트뢰를 사랑한 그의 조각상이 《Made in heaven》 앨범 재킷 표지 사진과 같은 모습으로 우뚝 서 있다.

131   라보 지구 산책

포도밭 사이로 난 길들을 따라 걷다가 문득 고개를 들면
시선을 채우는 알프스 봉우리들이 멀리 펼쳐집니다.
바다 같은 레만 호수의 잔잔함과
규칙적으로 빠르게 달려오고 사라지는 열차들이
대비되는 풍경을 선사합니다.

중간중간 와인이 익어가는 마을 사이로
아무리 걸어도 피곤치 않아서
그저 깃털처럼 가벼운 마음으로
끝없이 걸을 수 있을 것만 같은
라보의 길들이 펼쳐졌습니다.

위치 : Lavaux vineyard terrace, Switzerland

라보 지구는 스위스 몽트뢰와 로잔 사이의 산비탈을 따라 형성된 약 800헥타르의 거대한 포도밭 지역 전체를 일컫는다. 유네스코 세계자연유산으로 선정된 유서 깊은 곳으로 레만 호수를 따라 경사진 언덕으로 길게 이어져 있다. 포도밭 사이로 32킬로미터의 산책로와 작은 마을들이 곳곳에 형성되어 있다.

132 할슈타트 호수

70여 곳의 호수들과 그림 같은 산으로 둘러싸인
작은 마을들에 들러 힘겨웠던 마음을 내려놓겠습니다.

그리고 풍경 속에 묻혀 아무것도 하지 않을 자유,
여행자의 그 본질적인 무위 속에 오래도록 머물러 있을 거예요.

위치 : Hallstatt, Salzkammergut, Austria

오스트리아 잘츠캄머구트 지역을 대표하는 마을이다. 옛 소금 광산과 아름다운 호수 그리고 그림 같은 산세와 산비탈에 형성된 작은 마을이 만들어내는 풍경이 환상적으로 아름답다.

133 에사우이라 저녁

영화 《모가디슈》의 촬영지, 에사우이라!
미로 같은 메디나 구시가 골목길을 배회하다가
해 질 녘이면 노을을 보러 바닷가를 걷는 일.

에사우이라를 여행하는 자의 루틴입니다.

★ 위치 : Essaouira, Morocco

모로코 서쪽 대서양 해안가에 위치한 항구도시다. 1960년대까지는 모가도르Mogador로 알려져 있었다. 옛 모습이 그대로 남아 있는 구시가인 메디나와 선착장에 가득한 어선들이 인상적이다. 1960년대 말에는 히피들의 도피처로 유명했다.

134 포토시의 아침

여행지에서 맞이하는 아침 산책이 얼마나
설레이는지는 해본 사람만이 압니다.

볼리비아의 영화로웠던 옛 은광 도시,
포토시에서의 아침 산책도 그러했습니다.

위치 : Potosi, Bolivia

볼리비아의 포토시주 주도이며 해발 4,090미터의 고도에 위치해 있어서 세계에서 가장 높은 도시로 불리기도 한다. 1545년 엄청난 양의 은 광산이 발견되어 이를 채굴하기 위한 도시로 발전했다. 한때 전 세계 은 생산량의 절반을 산출하기도 했다. 현재는 광산 산업은 쇠락했고 옛 시절의 흔적들이 곳곳에 남아 있다.

135 비셰흐라드 언덕에서

아무리 힘들었던 여행의 순간도 돌아보면
마음이 일렁거립니다.
유난히 무더웠던 체코 여행도 그러했습니다.

땀이 쏟아지던 비셰흐라드 언덕에서 바라본 풍경의 순간.
'지나온 길들이 저렇게 아름다웠구나,
그 속의 나도 이리도 빛났었구나.'

🇨🇿 위치 : Vysehrad, Praha, The Czech Republic

프라하의 역사가 시작된 비셰흐라드성. 체코인들이 "이곳에서 태어나 이곳에서 결혼하고 이곳에서 잠든다."고 고백하는 유서 깊은 곳이다.

136 베르나차 풍경

베르나차의 포도밭에 올라
오랜 세월의 풍화 속에 견뎌온 옛 도시를 바라봅니다.

복잡한 세상은 잠시 잊고
아련한 리구리아 바다 수평선이 어우러진 풍경에
스르르 빠져듭니다.

🇮🇹 위치 : Vernazza, Italy

이탈리아 서해안인 리구리아 해안가의 친퀘테레 다섯 마을 중에서 4번째에 해당하는 마을이다. 파스텔 톤의 집들과 그 너머 리구리아 바다의 푸른색이 아름답게 조화를 이루는 낭만적인 해안 마을이다.

137 볼차노의 밤

볼차노의 밤이 깊었습니다.
짙푸른 하늘이
여행자의 마음을 흔들었습니다.

날이 밝으면
어디론가 다시 떠나겠지만
여행자는 이 밤이 그저 행복합니다.

🇮🇹 **위치 : Bolzano, Italy**

이탈리아 북부 돌로미티 대자연 여행의 관문이자 거점이 바로 볼차노다. 볼차노의 야외 응접실로 불리는 구시가의 중심이 바로 발터 광장이다. 독일 시인 발터의 이름을 딴 광장으로 그의 기념비가 광장 중심에 우뚝 서 있다. 돌로미티의 산들과 대성당의 첨탑이 광장을 둘러싸고 있다.

138 피르스트 전망대

한여름의 초록과 새하얀 만년설이 공존하는 피르스트.
자연은 장엄하고 광활했고,
여행자는 자유로웠습니다.

🇨🇭 **위치 : First, Switzerland**

피르스트 클리프워크 전망대는 해발 2,168미터에 설치된 인공 전망대로서 눈앞에 펼쳐지는 알프스 전망이 환상적이다. 스위스 시계 회사인 티쏘Tissot에서 설치했으며 누구나 무료로 이용할 수 있다. 피르스트 케이블카 역이 있는 절벽에 설치되어 있다.

139 비 내리는 시에나

긴 어둠의 시간이 오더라도
계속 나아가면 빛의 시간이 다가옵니다.

🇮🇹 **위치 : Siena, Italy**

이탈리아 중부 토스카나주의 도시로 시에나 역사 지구는 유네스코 세계문화유산으로 지정되어 있다. 중세 시대 피렌체와 라이벌이었고, 전쟁에서 패배한 후 쇠락하게 되었다. 구시가의 캄포 광장을 중심으로 구시가 골목들이 연결되어 있으며 시에나의 두오모 대성당은 웅장한 스케일을 자랑한다.

140 스치던 풍경

스치듯 빛나던 풍경을 기억합니다.
마음의 결에 스며들던 그 풍경의 따스함을 추억합니다.
여행이 선사하는 그리움이 그렇습니다.

🇮🇹 **위치 : Capella della Madonna di Vitaleta, Val D'orcia, Toscana, Italy**

비탈레타 예배당은 산 퀴리코 도르차와 피엔차 사이 도로 옆 작은 언덕 위에 세워진 예배당이다. 성모마리아에게 바쳐진 예배당이며 그 옆으로 서 있는 사이프러스와 함께 토스카나의 아이콘과도 같은 장소로 여겨진다. 기념품 가게의 엽서 사진에서 손쉽게 볼 수 있는 명소다.

141 끝없는 길

길의 끝은 없었습니다.
사하라를 뒤로하고 몇 시간을 달려도 사막은 끝이 없는 것만 같았습니다.

길가에 차를 세우고 지나온 길과 가야 할 길을 살펴보던 즈음,
여행은 목적지에 도달하는 일이 아니라 늘 어딘가로 향하는 과정이라는 걸,
그래서 사하라는 결코 벗어날 수 없는 끝없는 길과 같은 말임을
마침내 알게 되었습니다.

★ 위치 : On the Road to or from the Sahara Desert, Morocco

모로코를 여행하다 보면 사하라사막 가까이 갈수록 황량한 붉은색 황야가 끝없이 이어진다. 식막한 듯하지만 그런 가운데서도 오아시스가 있고, 사람들이 살아가는 마을들이 있다. 사하라사막으로 향하는 길은 묘하게 철학적인 사색을 선사한다.

142 골드웰 야외박물관

네바다의 황량한 들판에
다양한 조형물과 독특한 문양으로 수놓아진 야외박물관이 있어요.
찾아오는 이가 많지 않아도
벨기에를 비롯한 유럽의 예술가들이 정성껏 조성한 공간이에요.
누군가 알아봐주지 않아도
자신만의 가치와 예술을 추구하는 건 아름다운 일입니다.

🇨🇭 **위치 : Goldwell Open Air Museum, Beatty, Nevada, USA**

골드웰 야외박물관은 미국 서부 네바다주의 작은 마을인 비티 근교에 있다. 펑키스럽고 자유로운 스타일의 조각상들과 설치 미술이 조성되어 있다. 《최후의 만찬》에서 영감을 받은 하얀 석고 조각상이 인상적이다. 네바다의 황량한 들판에 조성되어 묘한 분위기를 자아내는 곳이다.

143 친퀘테레의 첫 마을

지금은 그저 낭만으로 보이겠지만,
거친 해안선이
고단했을 삶을 말해주는 곳.

친퀘테레의 첫 마을, 리오마조레!

🇮🇹 위치 : Rio Maggiore, Cinque Terre, Italy

이탈리아의 서쪽 리구리아 해안가의 다섯 마을인 친퀘테레의 첫 번째 마을이 리오마조레다. 바닷가 절벽 위에 좁게 세워진 마을이며 마을 한가운데에 작은 선착장이 있다.

144 지상천국, 돌로미티

어떤 이는 돌로미티를 지상천국이라고 표현했습니다.
그 말이 사실일지도 모르겠다는 생각이 들었습니다.

🇮🇹 **위치** : Alpe di Siusi, Dolomiti, Italy

이탈리아 북부 광대한 돌로미티에서 가장 아름다운 전원 풍경을 가지고 있는 곳이 알페 디 시우시다. 스위스 알프스라는 뜻이며 봄과 여름에는 야생화와 함께 초록 들판이 아름답게 펼쳐진다.

145 산 지미냐노 풍경

눈부신 태양 아래 뜨끈히 데워진 붉은 지붕 너머
초록의 올리브밭과 포도나무,
그리고 검은 사이프러스들이 산재한 구릉지대들.

그저 평화롭고 그저 풍요로운 산 지미냐노의 풍경입니다.

🇮🇹 위치 : San Gimignano, Italy

산 지미냐노는 토스카나의 소도시로서 '사탑의 도시'라는 별명을 가지고 있다. 중세 귀족들이 자신의 세력을 과시하기 위해 70여 기가 넘는 탑들을 세웠고, 현재 14기 정도가 남아 있다. 토스카나답게 사이프러스 나무도 쉽게 볼 수 있다.

146 나만의 별을 찾아서

깊고 고요한 체르마트의 밤,
숙소 앞마당에서 하늘을 올려다봤습니다.

장엄하게 솟아오른 마터호른 위로 수없이 많은
반짝이는 별들을 바라보며 생각했습니다.

하늘에는 각자 자신만의 별이 있기에
미미한 별처럼 빛나다가 언젠가
깊은 밤의 적막 속으로 소멸하더라도
나만의 별빛을 뿜어내야겠다고 말입니다.

위치 : Zermatt, Switzerland

체르마트는 스위스 남쪽 발레주의 대표적인 휴양지이자 알프스 산들을 둘러볼 수 있는 특별한 곳이다. 체르마트에서 산악 열차와 케이블카를 타고 마터호른산을 비롯해 많은 알프스 산들을 감상하고 탐험할 수 있다. 거대한 산을 마주하는 순간, 호연지기의 힘과 감동을 느끼게 된다. 대자연이 주는 커다란 선물이다.

147 브로츠와프 소나기

쏟아지는 소나기를 맞으며
낯선 도시의 광장을 걸을 때
살아 있음을 느낍니다.

위치 : Wroclaw, Poland

브로츠와프는 폴란드 남서부 실레시아 지방에 있는 소도시로 큰 대학과 성당, 섬, 수많은 역사적 건축물들이 있으며, 유럽에서 가장 아름다운 광장도 있다. 체코, 독일 등의 지배를 받았으며 오데르강이 흐르고 있다. 12개의 섬과 총 100여 개의 다리가 있는 독특한 곳이다.

148 그뤼에르 마을

바라보면 그저 평온한 풍경이었어요.
나시, 여행을 간다면 서두름 없이
좀 더 오래도록 머무르겠어요.

뜻깊은 여행은
분주한 이동이 아니라
여유로운 멈춤이었어요.

🇨🇭 **위치 : Gruyeres, Switzerland**

스위스 남부 프리부르주에 속한 그뤼에르는 스위스 3대 치즈 중 하나인 그뤼에르 치즈의 산지다. 또한 온전하게 보존된 중세 마을은 마치 동화 속 장소처럼 고즈넉하며 언덕 위 마을에서 내려다보는 들판은 평화로움 그 자체다.

149 취리히 강변 풍경

누군가 옆에 있어준다는 건
마음이 함께한다는 의미입니다.

🇨🇭 위치 : Zurich, Switzerland

리마트강은 스위스 취리히 구시가를 흐르는 강이다. 취리히 호수와 연결되어 있다. 취리히에서 계속 북서쪽으로 35킬로미터를 흘러서 아레강에 합류한다.

150 친퀘테레 일몰

이토록 강렬한 일몰은 처음이었습니다.

하루의 시간이 소멸하고 저물어간다는 사실이 이리도 화려할 수 있음을
리구리아 바닷가 친퀘테레 언덕에서 처음으로 목격했습니다.

🇮🇹 **위치 : Cinque Terre, Italy**

친퀘테레는 이탈리아의 서해안인 리구리아 해안 마을이어서 일몰을 감상하기에도 좋은 곳이다. 바다 위로 떨어지는 햇살이 강렬한 느낌으로 다가오기도 한다.

151 석양빛에 기대는 마음

저물어가는 석양을 보며
지난 시간을 돌아봅니다.
험난한 시간들을 잘 버텨냈습니다.

따스한 석양빛에
마음을 기대어봅니다.

위치 : Zadar, Croatia

자다르는 크로아티아 서쪽 달마티아 지방에 속해 있는 소도시로서 아드리아해 바닷가에 위치해 있다. 스플리트에서 북쪽으로 115킬로미터 위에 있다. 크로아티아 최초의 대학이 설립된 도시이며 로마 시대 유물이 많이 남아 있다. 자다르의 바닷가에 설치된 바다 오르간은 특히 인기가 많다. 75미터의 바닷가 산책로에 설치된 높낮이가 다른 36개의 파이프가 파도의 세기에 따라 연주를 하는 자연 오르간이다. 바다 오르간의 연주를 들으며 바라보는 자다르 일몰은 가장 낭만적인 경험이 된다.

152 타지마할

거대한 타지마할은 마치 환영 같습니다.
여행자들은 무언가에 홀린 듯 앞만 보며
타지마할을 향해 다가갔습니다.

🇮🇳 **위치 : TajMahal, Agra, India**

인도 아그라에 위치한 무굴제국의 대표적인 건축물이다. 무굴제국의 황제 샤 자한이 사랑하는 부인 뭄타즈 마할을 기리기 위해 1632년 무덤 건축을 명한다. 뭄타즈 마할이 죽은 지 6개월 후부터 건설을 시작해서 완공하기까지 22년이 걸렸고, 2만여 명의 노동자들이 동원된 엄청난 작업이었다. 1983년 유네스코 세계문화유산으로 지정되었다.

153 프리부르

자연은 햇살 속에 채도를 더했고,
강을 끼고 모인 집들은 평온합니다.
구시가 언덕에서 바라보는
프리부르 풍경이 낭만적이었습니다.

여행을 하면 할수록 낭만 가득한 여행지들이
얼마나 많은지 깨닫습니다.

🇨🇭 **위치 : Fribourg, Switzerland**

스위스 중서부에 있는 프리부르주의 주도다. 구시가 사이로 사린강이 흐르고 구시가는 구역에 따라 고지대와 저지대로 나뉜다. 저지대와 고지대를 이어주는 푸니쿨라(산악 기차)가 대중교통 수단이기도 하다.

154   사구의 파도

사하라사막 한가운데
제일 높은 모래언덕에 올라 바라보던
끝없이 이어진 사구의 파도를 떠올립니다.
마음이 소란해지면 그 고요의 바다,
사하라를 생각합니다.

마음이 소란할 때
떠올릴 나만의 고요한 풍경이 필요합니다.

★ 위치 : The Sahara Desert, Morocco

사하라사막은 아프리카의 여러 나라에 걸쳐 있는 거대한 사막이다. 그중 모로코의 메르주가 마을에서 사하라사막으로 손쉽게 접근할 수 있다. 특히 붉은 모래로 유명한 에르그셰비 지역은 모래알이 다른 곳보다 작고 부드럽다. 사막의 오아시스에서 하룻밤을 보내면 기존의 일상과는 완전히 다른 특별한 체험을 할 수 있다.

155 라우터브루넨 계곡

라우터브루넨 계곡처럼 긴 시간의 연단 속에
가슴은 깊어져야 합니다.

만년설을 이고 있는 융프라우 설산처럼
머리는 차가워져야 합니다.

균형감 있게 지속적으로
여행자로 살아가려면 말입니다.

 위치 : Lauterbrunnen, Switzerland

해발 806미터에 위치한 알프스 산악 마을 라우터브루넨은 '울려 퍼지는 샘'이라는 뜻이다. 우기가 되면 슈타우바흐 폭포를 비롯한 72개나 되는 폭포가 장대한 U자형 계곡 곳곳에서 쏟아지기 때문이다. 1779년 이곳을 다녀간 괴테는 폭포수에서 영감을 얻어서 《폭포 너머 영혼의 노래》라는 시를 쓰기도 했다.

156 가족

거친 세상 속
함께 둘러앉을
가족이면 충분합니다.

🇮🇳 위치 : Somewhere in India

인도는 유럽이나 남미와는 완전히 결이 다른 여행지다. 여행자들에게는 조금 어려운 여행 인프라로 인해서 고생을 할 수도 있다. 조금 고생스러워도 인도만이 가진 매력을 발견하면 여행의 차원은 새롭게 열린다.

157 행운의 붉은 일출

마터호른 꼭대기를 물들이는
붉은 일출은 3대가 덕을 쌓아야
볼 수 있다고들 했습니다.

풍경이 거대할수록
여행자의 마음은 더욱 겸손해졌습니다.

🇨🇭 위치 : Matterhorn, Switzerland

스위스 체르마트에서 남서쪽으로 10킬로미터 거리에 있으며 알프스 3대 북벽 중의 하나로 손꼽히는 가파른 바위 산이다. 1865년 영국의 탐험가 에드워드 웜퍼가 최초로 마터호른 정상을 정복했으며 이 산을 등정하기 위해 수많은 등산가들이 목숨을 잃기도 했다. 일반 여행자들은 산악 열차를 타고 고르너그라트역까지 올라가서 마터호른과 주변 알프스 산들을 편안하게 감상할 수 있다.

158 드라큘라의 성

루마니아의 발상지이자 유서 깊은 도시,
브라쇼브 남서쪽 30킬로미터 떨어진 곳에
'드라큘라의 성'이라고 불리는 브란성이 있습니다.
성 너머로 흐르는 구름 같은 세월을 생각했습니다.

▌▌ 위치 : Bran, Romania

브란성은 일명 '드라큘라의 성'으로 불린다. 루마니아 중부 브라쇼브주의 브란에 위치한 고성이다. 원래 드라큘라는 루마니아 역사 속에서 공인된 영웅으로 실존 인물이었다고 한다. 그의 고향은 브란과 멀지 않은 시기쇼아라라는 도시다.

159 리기산 트레킹

발아래 구름을 두고
산자락에 있는 바다 같은 루체른 호수를
내려다보며 걷던 그 길.
리기산 트레킹은 그 자체로 힐링입니다.

🇨🇭 **위치 : Rigi, Switzerland**

리기산은 스위스 중부에 위치한 산으로 해발 1,798미터다. 루체른 호수와 추크 호수에 둘러싸여 있으며 여행자들은 루체른에서 유람선을 타고 비츠나우에 도착해 산악 열차로 갈아타고 리기산 정상까지 올라갈 수 있다. 여름에는 하이킹, 겨울에는 스키를 즐기기 좋은 곳이며, 흔히 '산의 여왕'으로 불린다.

160 세 가지 길

멀리 호수를 따라 기찻길이 이어지고,
나란히 자동차들이 빠르게 달립니다.
라보의 포도밭 언덕 중턱을 따라
사람의 길이 구비구비 흐릅니다.

여행은 여러 갈래의 길을 찾고, 경험하는 일입니다.

위치 : Lavaux Vineyard terrace, Switzerland

라보 지구는 스위스 몽트뢰와 로잔 사이의 산비탈을 따라 형성된 약 800헥타르의 거대한 포도밭 지역 전체를 일컫는다. 유네스코 세계자연유산으로 선정된 유서 깊은 곳으로 레만 호수를 따라 경사진 언덕으로 길게 이어져 있다. 포도밭 사이로 32킬로미터의 산책로와 작은 마을들이 곳곳에 형성되어 있다.

161 먼 풍경

사람은 가까울수록 상처가 되시만
풍경은 멀어질수록 더욱 아름다웠습니다.

저 홋카이도 풍경처럼.

● 위치 : Hokkaido, Japan

일본 열도를 이루는 4개의 주요 섬(홋카이도, 혼슈, 시코쿠, 큐슈) 가운데 하나의 섬이자 일본 북단에 있는 섬이다. 삿포로, 하코다테, 오타루, 비에이 등 주요 도시들과 다이세츠산 연봉과 도카치다케 연봉 등 장대한 고봉들이 멋진 경관을 선사한다. 특히 겨울 시즌 비에이의 고즈넉한 설경은 몽환적이며 아름답다.

162 따스한 미소

유대인들의 애환이 서린
쉰들러의 에나멜 공장을 찾아가는 길이었어요.
슬픈 역사의 공간을 품은 카지미에시 거리를
울적한 마음으로 걷고 있었습니다.

예쁜 노천카페 의자에 앉은 두 사람과
우연히 눈이 마주쳤어요.

우울한 내 마음을 아는지 두 사람은
이방인 여행자를 보자마자 동시에
세상에서 가장 따스한 미소를 보내주었습니다.

위치 : Kazimierz, Krakow, Poland

폴란드의 크라쿠프에는 유대인이 모여 살았던 카지미에시 지역이 있다. 제2차 세계대전 당시 나치의 유대인 박해가 극심했던 곳 중 하나다. 영화 《쉰들러 리스트》의 배경이 된 쉰들러의 에나멜 공장이 이곳에 있었다. 유대인들의 삶의 흔적과 공간이 남아 있는 곳이다. 아우슈비츠 수용소로 알려진 '오시엥비침'이 크라쿠프 근교에 있다.

163 풍경에 몰입하던 길

플리트비체의 호수와 숲을 따라 끝없이 이어진 산책로는
잠시나마 세상도 잊고, 나 자신마저도 잊고
오롯이 풍경에 몰입하던 길이었습니다.

플리트비체에서만 누릴 수 있는 자연의 아름다움이 있습니다.
세상 어디에도 없는 풍경이 펼쳐집니다.

🇭🇷 **위치 :** Plitvice, Croatia

플리트비체 국립공원은 수많은 폭포와 16개의 호수 그리고 호수와 폭포를 이어주는 다양한 산책로, 전나무, 삼나무 등이 빽빽하게 자라는 녹음 가득한 숲이 만드는 풍경으로 유명하다. 영화 《아바타》에 영감을 준 장소로도 유명하다.

164 스펠로 저녁 풍경

낯선 여행길, 저녁 어스름이 내려도 걱정이 없는 까닭은
저 멀리 불 밝힌 성당 아래
언제든 머물 수 있는 친구의 집이 있기 때문입니다.

진정한 우정은 어두운 인생길을 밝히는 등불과 같습니다.

🇮🇹 위치 : Spello, Italy

이탈리아 움브리아주의 고대 로마 시대 도시다. 로마 황제 아우구스투스가 자신의 병사들에게 하사한 도시로서 '히스펠룸'으로 불렸다. 매년 성체축일에 펼쳐지는 '인피오라타' 꽃 축제가 유명하며, 올리브와 송로버섯, 다양한 와인 등을 맛볼 수 있다.

165 자그레브의 밤

자그레브의 밤은 묘한 정적이 흘렀습니다.
바쁜 마음을 내려놓고
밤의 적막 속을 거니는 여유를 가져봅니다.

 위치 : Zagreb, Croatia

자그레브는 크로아티아의 수도로서 크로아티아 북서쪽에 위치해 있다. 자그레브의 중심은 반 옐라치지 광장이며, 광장 뒤편으로 쌍둥이 첨탑이 우뚝 솟아 있는 자그레브 대성당이 랜드마크 역할을 하고 있다. 크로아티아 여행을 할 때 교통의 요지로서 주요 여행지와 버스로 대부분 연결된다.

166 오르비에토 여행자

카메라는 세상을 새롭게 보는 두 번째 눈입니다.
여행은 인생을 깊게 보는 마음의 눈입니다.

🇮🇹 위치 : Orvieto, Italy

오르비에토는 이탈리아 중부 움브리아주의 소도시로 응회암으로 형성된 평평한 산 정상에 건설된 도시다. 일반적으로 로마에서 당일치기로 들르는 근교 여행지이며 대성당이 특히 인상적이다. 화이트 와인의 산지로 명성이 높고 다양한 와인숍들을 볼 수 있다.

167 체스키크룸로프 아침 산책

구시가 골목길 발길 닿는 대로 거닐던
체스키크룸로프 아침 산책처럼
때로는 목적지 없이 배회하는 산책이 필요합니다.

위치 : Cesky Krumlov, The Czech Republic

체코 남부 보헤미아 지역에 위치한 중세도시이며 '보헤미아의 진주', '작은 프라하'라는 별명으로 불린다. 동유럽에서 가장 포토제닉한 도시로 손꼽히며 중세의 시간이 그대로 머물러 있는 도시다. 마을을 휘감고 흐르는 블타바강과 높이 솟은 체스키크룸로프성이 랜드마크가 되는 곳이다.

168 거대한 빙하 앞 나무 한 그루

파타고니아의 남쪽, 엘 칼리피데에서 조금 더 아래로
모레노 빙하가 거대한 스케일로 밀려와 있습니다.
압도적인 빙하와 거친 육지의 경계에서
나무 한 그루가 당당하게 서 있습니다.
주변 환경이 어려워도 굳건히 서 있는 그 모습에
오래도록 마음의 시선이 머무릅니다.

위치 : Perito Moreno, Patagonia, Argentina

모레노 빙하는 아르헨티나 남쪽 파타고니아의 산타크루스주에 속해 있는 거대한 빙하다. 로스빙하국립공원에 속해 있으며 1877년 프란시스코 파스카시오 모레노에 의해 발견되어 그의 이름이 붙게 되었다. 높이 60미터, 면적 414 제곱킬로미터에 이르는 거대한 규모는 압도적이다.

169 구름 한 뭉치

여행이란 묘한 매력이 있어서
일상 속에서는 무심히 지나치는 풍경의 결을 보게 해줍니다.
부드러운 카푸치노 거품 같은 구름 한 뭉치 머물던
베른 구시가처럼 말입니다.
귀 기울이면 들려오는 풍경의 언어가 있습니다.

"그동안 열심히 잘 살아왔으니
걱정 말고 그대로 살아가면 돼.
여행은 그런 네게 주는 선물 같은 거지."

위치 : Bern, Switzerland

스위스의 수도인 베른은 잘 보존된 중세 시대의 건축물들로 인해 1983년 구시가지 전체가 유네스코 세계문화유산으로 지정되었다. 아레강이 구시가를 부드럽게 감싸고 흐르고 있으며 멀리 베른 알프스의 설산들이 멋진 배경이 되고 있다. 6킬로미터에 이르는 석회암 건물들과 중세 시대에 건설된 석조 아케이드, 다양한 르네상스 양식의 분수들, 웅장한 시계탑과 대성당 등이 인상적이다. 중세 시대 유럽 건축물의 보석이라고도 불리고 있다.

170 하얀 빨래

화려한 스플리트의 궁전보다
바람에 살짝 흩날리는 하얀 빨래에
더 마음이 머물렀습니다.

결국 모든 여행의 지향은
따스한 온도, 사람의 체온이었습니다.

🇭🇷 위치 : Split, Croatia

수도 자그레브 다음으로 큰 도시로서 달마티아 지방의 중심 도시이며 크로아티아 제2의 도시다. 스플리트 달마티아주의 주도이며, 아드리아해를 마주 보고 있다. 특히 로마 황제 디오클레티아누스가 황제 자리에서 물러난 후 305년에 이곳에 거대한 궁전을 건설하면서 발전한 도시다.

171 색들이 있는 풍경

여행길에 만나는
색채들이 주는 위로가 있습니다.

부라노가 바로 그런 곳입니다.

■ **위치 : Burano, Italy**

이탈리아 동쪽 아드리아해 위에 떠 있는 수상 도시이며, 베네치아에서 수상 버스를 타고 50분 내외면 도착할 수 있다. 선명하고 다양한 파스텔 톤으로 칠해진 주택들이 선사하는 화사한 풍경으로 유명하다.

172 마나롤라의 저녁

어스름의 시간이 올 때면
마나롤라는 고요히 푸른빛에 물듭니다.
파도마저 잔잔히 흐르는 시간.

그 풍경을 바라보며 현재는 서러워도
우리의 저녁은 분명 아름다울 거라고 믿게 되었습니다.

🇮🇹 **위치 : Manarola, Italy**

이탈리아 서쪽 리구리아 해안을 대표하는 그림 같은 다섯 마을이 바로 친퀘테레다. 이 다섯 마을 중에서 가장 포토제닉한 마을이 바로 마나롤라이며 가장 많은 여행자들이 찾는 곳이다.

173 마룰라 가는 길

다마스쿠스를 벗어나사 밀리 실산과 허허벌핀이 금세 나타났습니다.
2천 년 전 예수가 사용했다는 아람어가 아직도 남아서 전해지고 있다는 마을,
마룰라로 향하던 길이었습니다.

2천 년 전으로 거슬러 오르는 시간 여행이었고,
무척이나 신비로운 여정이었습니다.
여행은 그렇게 새로운 시간과 공간을 체험하는 공감각적인 일입니다.

위치 : From Damascus to Maaroula, Syria

해발 1,500미터의 고도에 자리 잡은 시리아의 옛 도시다. 시리아의 수도 다마스쿠스 북동쪽으로 56킬로미터 거리에 위치해 있다. 2천 년 전 예수 시대 당시의 언어인 아람어를 아직도 그대로 사용할 수 있는 곳이라고 전해진다.

174 스위스 산악 열차

클라이네 샤이데크에서 라우터브루넨으로 내려가는
열차 창문을 열자 청량한 공기가 쏟아져 들어왔습니다.

마음까지 푸르게 물들 것만 같은
풍경이 끝없이 이어졌습니다.

위치 : A Train to Lauterbrunnen, Switzerland

스위스 융프라우 지역을 여행할 때 산악 열차 이용은 필수적이다. 인터라켄에서 그린델발트나 라우터브루넨행 열차를 타면 클라이네 샤이데크에서 두 노선이 다시 만난다. 클라이네 샤이데크에서 열차를 갈아타면 융프라우요흐 정상역까지 올라갈 수 있다.

175 평온한 사색

시르미오네 숙소로 돌아와 창문을 열자
금세라도 소나기가 쏟아질 것처럼 먹구름이 가득했습니다.
가르다 호수는 바다처럼 잔잔했고, 대기는 고요했습니다.
소란스럽던 여행자의 마음도 잠시 그 고요함 속에 평온했습니다.

🇮🇹 위치 : Sirmione, Lago di Garda, Italy

가르다 호수는 이탈리아에서 가장 큰 호수로서 베네토, 롬바르디아, 트렌티노 알토 아디제 3곳의 주에 걸쳐 있다. 총면적이 약 370제곱킬로미터, 최고 수심은 346미터에 이른다. 빙하가 녹아서 형성된 호수이며 호수를 따라 아름다운 소도시들이 산재해 있다. 대표적인 도시가 시르미오네다.

176 리기산 등산 열차

유럽 최초의 등산 열차가 탄생한 곳이 바로 스위스 리기산입니다.
투체른 호숫가의 비츠나우에서 리기산 정상까지 올라가는 산악 열차입니다.

열차를 타면 다국적 여행자들의 수많은 언어로 인해
알아들을 수 없는 소음에 파묻힙니다.
그런 소음 속에 잠시 머무는 경험은 온전히 홀로인 나를 체험하는 시간입니다.

🇨🇭 위치 : The VRB to Rigi from Vitznau, Switzerland

루체른 호숫가의 비츠나우 선착장에서 리기산 정상까지 손쉽게 올라가는 방법이 바로 산악 열차 VRB_{Vitznau Rigi Bahn}를 탑승하는 것이다. 유럽에서 등산 열차의 시작이 바로 VRB였다.

177 아레강이 흐르는 베른 구시가

유유히 흐르는 아레강,
중세의 시간이 머물러 있는 구시가와
그 너머로 피어오르는 뭉게구름.
그저 오래도록 머물러도,
바라봐도 좋을 풍경입니다.
여행은 바쁜 일상을 멈추고
주변을 둘러보게 하는 여유입니다.

🇨🇭 위치 : Bern, Switzerland

베른을 감싸고 흐르는 아레강은 스위스에서 가장 긴 강으로 약 291킬로미터에 이른다. 베른 알프스에서 발원해서 브리엔츠, 툰 호수를 거쳐 수도 베른을 지나 스위스 북서부 코블렌츠의 라인강을 향해 흘러간다. 아레강의 일부 구간에서는 정기적인 유람선도 운행한다.

178 여행의 미덕

여행의 좋은 점은
관조의 시선을 갖게 해준다는 것입니다.

🇯🇵 위치 : Otaru, Japan

일본 홋카이도의 주요 여행지 중 하나이며 삿포로시의 근교 여행지로 인기가 높다. 삿포로역에서 JR열차를 타면 40분 정도 소요된다. 영화《러브레터》의 촬영지로 유명하며 오타루운하, 오타루 오르골당 등이 유명한 명소다.

179 캄포 광장

눈부신 햇살을 온전히 모아서
동굴 같은 마음속 깊숙이
빛을 비추어주는 곳.

시에나의 캄포 광장입니다.

🇮🇹 **위치 : Piazza del Campo, Siena, Italy**

피렌체와 함께 이탈리아 토스카나의 대표적인 중세도시가 바로 시에나다. 구시가 전체가 유네스코 세계유산에 등재되었다. 구시가의 중심이 바로 캄포 광장이다. 중세 시대부터 시작된 안장 없는 말 경주인 '팔리오축제'가 열리는 공간이다.

180　라파즈 풍경

라파즈 풍경은 거대한 삶의 파도입니다.
하나하나의 삶이 모여 장대한 파노라마가 되었습니다.
여행의 순간들이 모여 또 하나의 풍경이 되고,
스토리가 모여 아름다운 인생의 파노라마가 되리라 믿습니다.

위치 : La Paz, Bolivia

볼리비아의 수도로서 규모가 작지 않지만 구시가 중심은 도보로 주요 명소를 둘러볼 수 있다. 다만 해발고도가 3,200미터부터 일부 지역은 약 4,100미터에 이르기 때문에 고산병 증세가 나타날 수 있다. 주요 볼거리는 대성당, 마녀시장, 외곽에 있는 달의 계곡, 대중교통으로 이용되는 케이블카인 텔레페리코 등이다. 볼리비아 여행의 교통의 중심이기도 하다.

181 피엔차 언덕

빛과 그늘이 공존하는 언덕 위에 피엔차가 있습니다.
무엇을 보고 가야 할지는 스스로의 몫.
여행도 그렇습니다.
잠시 어두운 그늘 속에 힘들지라도
꿋꿋이 가야 합니다.
피엔차 올라가는 길처럼 말입니다.

▌▍ 위치 : Pienza, Italy

이탈리아 중부 토스카나주 시에나 지방에 속한 중세 소도시다. 시에나에서 남동쪽으로 60킬로미터 거리에 있다. 발도르차 지역의 핵심 도시 중 하나이자 교황 비오 2세의 고향으로, 그는 자신의 고향을 이상적인 르네상스 마을로 재건했다. 중세 시대에 도시 설계에 인본주의 개념을 도입한 최초의 도시로 평가받고 있다. 토스카나 와인의 산지이며 도시 주변으로 포도밭과 사이프러스들이 늘어선 모습들을 볼 수 있다.

182 아드리아 해안

돌이켜보면 모든 여행은 순간이었고,
추억만이 영원합니다.

🇭🇷 **위치 : Dubrovnik, Croatia**

두브로브니크 여행의 하이라이트는 구시가를 완전히 둘러싼 두터운 성벽 위를 걷는 트레킹이다. 짙푸른 아드리아 해와 붉은 지붕의 구시가가 어울린 풍경이 탄성을 자아낸다. 성벽 바깥 바위 위에서 일광욕을 즐기거나 바다 수영을 위해 뛰어드는 현지인이나 여행자의 모습이 자유롭기만 하다.

183 라인강 산책

뮌스터 성당이 우뚝 솟은 바젤 구시가 아래로
라인강이 유유히 흐릅니다.

저녁이 되자 강 위에서는 활기찬 밴드들의 라이브 공연이 시작되었고,
라인강 따라 음악의 선율 따라 밤 산책은 더욱 경쾌합니다.

🇨🇭 위치 : Basel, Switzerland

스위스 북쪽의 대표적인 도시 바젤을 관통해서 흐르는 라인강은 알프스 산지에서 발원해서 바젤 북쪽의 독일로 흘러가고, 이어서 네덜란드 로테르담을 거쳐 북해로 빠져나간다. 바젤은 스위스, 독일, 프랑스 3국 국경 지점에 위치한 스위스의 도시로서 다양한 미술관과 구시가 그리고 편리한 대중교통 시스템을 갖추고 있어서 여행하기에 최적의 도시 중 하나다.

184 데시마 앞바다

바다를 바라보는 일은
그대의 심장 소리를 듣는 것과 같습니다.

● 위치 : Desima, Japan

일본의 남쪽 시코쿠에 속해 있는 데시마 섬은 계단식 논들과 옛 시대 유적들이 곳곳에 산재해 있다. 특히 바닷가 옆에 세워진 심장박물관은 세계 여러 나라 사람들의 심장 소리를 녹음해서 아카이브해놓은 독특한 박물관이다.

185 거대한 고독의 시간

웅장한 풍경을 마주할 때면
거대한 고독이 나를 받아줄 때까지
지켜보는 시간이 필요합니다.

🇨🇱 위치 : San Pedro de Atacama, Chile

남미의 몇몇 나라들에는 독특한 지형과 색을 가진, '달의 계곡'이라 불리는 지역이 있다. 볼리비아와 함께 대표적으로 칠레의 달의 계곡이 그렇다. 이곳은 독특한 색채와 스케일 큰 지형으로 인해 가장 낯설고 멋진 풍경을 선사하는 곳이다.

186 시간의 단면

남미 여행은 시간과의 싸움이었습니다.
커다란 버스에 지친 몸을 싣고 비몽사몽 열 몇 시간을 이동하던 날.
어스름이 내리던 새벽의 푸노 거리는 무척 아름다웠고,
낮 동안 수많은 차량과 택시로 가득했던 거리는 고요해졌습니다.
진정한 여행은 여행지의 모든 시간을 볼 때 가능하다고 느꼈습니다.

도시든, 풍경이든, 사람이든 짧은 시간의 단면을 보고
섣불리 판단을 내려서는 안 되겠다고 생각했습니다.

🇵🇪 위치 : Puno, Peru

푸노는 페루 남동부에 있는 도시이며 티티카카 호수 서쪽으로 해발 3,850미터의 고지대에 위치해 있다. 티티카카 호수 주변으로는 잉카 시대의 문명들이 남아 있으며 푸노에는 스페인 식민지 시절의 유적들이 많이 있다. 티티카카 호수의 대표적인 관광 명소인 우로스섬 투어의 출발지이기도 하다. 구시가 아르마스 광장에 있는 대성당, 가장 번화가인 리마 거리, 산 후안 교회, 미라도르 전망대 등이 주요 볼거리다.

187 반스카 비스트리차의 저녁

슬로바키아의 중심에 있는 도시, 반스카 비스트리차.
나치 독일에 대항해서 민족 봉기를 일으킨 저항의 도시이기도 합니다.
아픈 역사를 뒤로하고 이제는 평온한 시절을 누리고 있는
이곳을 바라볼 수 있어서 감사한 저녁이었습니다.

여행은 과거를 볼 수 있는 창이면서
동시에 현재에 감사하는 경험을 갖게 해주는 매력이 있습니다.

🇸🇰 위치 : Banska Bystrica, Slovakia

유럽 정중앙에 위치한 슬로바키아는 '유럽의 배꼽'이라고 불린다. 오랜 세월 역사의 부침이 많았던 만큼 다양한 역사와 유적을 품고 있다. 1944년 나치 독일에 저항해서 일으킨 민족 봉기는 슬로바키아인들의 자존심과도 같은 의미를 갖고 있다. 구시가 중심에 SNP 박물관과 기념비가 세워져 있다. SNP 광장을 중심으로 르네상스·바로크 양식 건축물이 늘어서 있다.

188 갈릴리 호수 무지개

갈릴리 호수에서 만난 무지개는
결국 홍수의 심판이 끝난다는 신의 약속입니다.
거세게 휘몰아치는 인생의 태풍 가운데서도
갈릴리의 고요함을 품고 살아야겠습니다.

위치 : Galilee, Israel

갈릴리는 이스라엘 북부 지방의 작은 도시이자 호수 이름이기도 하다. 2천 년 전 예수와 그 제자들이 활동했던 지역이다. 갈릴리 호수는 둘레가 약 52킬로미터, 남북으로 21킬로미터, 동서로 11킬로미터에 이르는 큰 호수다. 헤르몬산에서 발원한 물이 호수로 흘러 들어오고 요르단강을 통해 사해로 빠져나간다.

189 크락 데 슈발리에

유네스코 세계유산이자 옛 십자군의 성인 크락 데 슈발리에.
안타깝게도 시리아 내전으로 폭격을 받아
이 성은 크게 훼손이 되어버렸습니다.

여행의 시간도, 여행지도
여행자를 기다려주지 않습니다.

위치 : Crac des Chevaliers, Syria

크락 데 슈발리에는 11세기에 건설을 시작해 200여 년 만에 완성한 전략적 요새다. 《아라비아의 로렌스》의 작가 T. E. 로렌스는 이 성을 "세계에서 가장 잘 보존되어 있는 최고의 성"이라고 묘사하기도 했다.

190 피츠로이 앞에서 할 수 있는 일

끝없이 푸른 하늘과 간헐적으로 피어오르던 뭉게구름,
눈부시게 반짝이던 카프리 호수,
그리고 그 너머 웅장하게 솟아오른 피츠로이 봉우리.

가끔씩 인간의 활자로 향하던 눈길도 큰 감흥이 사라지고
그저 눈앞에 펼쳐진 풍경을 바라보는 일과
그 풍경 속에 덩그러니 놓인 나란 존재를 훑어보는 게
피츠로이 앞에서 할 수 있는 유일한 일입니다.

위치 : Lago di Capri, Fitz Roy, El Chalten, Argentina

아르헨티나 남부 파타고니아는 아름다운 산과 호수, 광활한 벌판이 펼쳐지는 지역이다. 남미의 스위스라는 별명처럼 자연을 즐길 수 있는 곳이다. 특히 엘 찰텐 마을 뒤로 세계 5대 미봉 중의 하나인 피츠로이가 솟아 있다. 피츠로이를 찾아가는 트레킹 길에서 숲 한가운데 고요한 카프리 호수를 만날 수 있다.

191 모스타르

모스타르는 강을 사이에 두고 이슬람과 기독교가 나뉘어 있는 도시입니다.
예전에는 종교로 인해 서로 전쟁도 하고 상처도 주고받았습니다.
지금은 나름 평화와 균형을 유지하고 있습니다.

그런 도시 위로 뭉게구름이 흘렀고, 바람이 잔잔히 불어왔습니다.
그리고 사람이 그어놓은 경계에 상관없이 석양빛은 모든 걸 아름답게 물들였습니다.

🏳 위치 : Mostar, Bosnia & Hercegovina

보스니아 헤르체고비나 남부에 위치한 작은 도시다. 1566년 오스만제국 시대에 건설된 아름다운 다리가 유명하며 도시 이름도 다리 수호자 Mostari에서 유래했다. 구시가의 가장 오래된 다리인 스타리 모스트 Stari Most를 사이에 두고 이슬람과 기독교가 공존하고 있는 묘한 느낌의 도시다.

192 부에노스아이레스 엘 아테네오 서점

예전 오페라극장이 멋진 서점으로 변신한 곳.
공간이 주는 아름다움에 감탄이 흘러나왔습니다.

가지런한 책장의 유형과 오페라극장의 공간이 주는 스케일이
매우 아름답습니다.

🇦🇷 위치 : El Ateneo Grand Splendid, Buenos Aires, Argentina

그랜드 스플렌디드 대형 오페라극장을 개조해서 만든 서점인 엘 아테네오는 세계에서 가장 아름다운 서점들 중 하나로 유명하다. 부에노스아이레스 시내에 위치해 있으며 서점 제일 안쪽에 있는 오페라극장의 무대는 카페로 운영 중이기도 하다.

193 마르켄 주택들

세상은 기하학적입니다.
자세히 보면 모든 것들은
점, 선, 면으로 이루어져 있습니다.

위치 : Marken, Netherlands

네덜란드 북쪽에 있는 작은 도시로서 인구는 1,700명 정도다. 목조로 지어진 아담하고 독특한 집들이 여행자들의 시선을 끈다. 파스텔 톤으로 칠해진 작은 집들이 정겹게 다가온다.

194 나만의 속도

여행을 하다 보면 처음 방문하는 곳일수록 마음이 바빠지기 시작합니다.
여행지에서 마음이 분주해지기 시작하면 여행도 일처럼 스트레스가 되기도 합니다.
그럴 때면 조금 한적한 카페에 들러 물리적으로 걸음을 멈춥니다.
그러면 마음에도 다시 여유가 찾아오고 나만의 속도로 여행을 할 수 있게 됩니다.

 위치 : Beograd, Serbia

베오그라드는 세르비아의 수도이며 '하얀 도시'라는 뜻을 갖고 있다. 다뉴브강과 사바강의 합류 지점에 위치해 있고, 오래된 정교회 성당들과 칼레메그단 요새 등이 관광 명소다. 서유럽과는 조금 다른 분위기의 구시가를 여유롭게 산책하고 현지 카페에서 커피나 차를 마시는 시간을 누리기를 추천한다.

195 스승과 제자

갈릴리 호수에 도착하자 왠지 모르게 마음이 평안해졌습니다.
늘 파도처럼 요동치고 배처럼 흔들리던
제자들을 붙잡아준 건 스승 예수였습니다.

삶의 파도에 흔들릴 때 굳건히 설 수 있는 건
우리를 붙잡아주는 고마운 존재들이 있기 때문입니다.

위치 : Galilee, Israel

이스라엘 북부 지방의 작은 도시이자 호수 이름이기도 하다. 2천 년 전 예수와 그 제자들이 활동했던 지역이다. 갈릴리 호수는 둘레가 약 52킬로미터, 남북으로 21킬로미터, 동서로 11킬로미터에 이르는 큰 호수다. 헤르몬산에서 발원한 물이 호수로 흘러 들어오고 요르단강을 통해 사해로 빠져나간다.

196 춤추는 새벽빛

우유니 소금사막을 횡단하던 둘째 날 새벽,
비몽사몽하던 정신은 차가운 한기에 정신이 번쩍 들었습니다.
해발 4천 미터 고지대를 달리는 4륜 구동 자동차 창밖으로
신비로운 새벽빛들이 솟아올랐습니다.

가늠할 수 없는 풍경, 알 수 없는 시간 속을 달리던
그 여행이 말해주는 건,
모든 걸 다 알 수는 없다는 사실이었습니다.

🇮🇳 위치 : Salar de Uyuni, Bolivia

볼리비아의 대표적인 여행지인 우유니 소금사막은 지평선을 사이에 두고 푸른 하늘과 하얀 소금사막으로 나뉘어 있는 비현실적인 공간이다. 단순하지만 강렬한 풍경 속에서 세상의 복잡함을 잊을 수 있는 여행지다.

197 색채의 언덕

장대한 시간이 만든 색채의 산이 눈앞에 펼쳐집니다.
그 산을 바라보며 생각합니다.
우리네 삶도 시간의 지층이 쌓일수록
더욱 아름답게 빛날 것이라고 말입니다.

위치 : Serrania de Hornocal, Argentina

아르헨티나의 오지인 우마우아카Humahuaca 근교에 해발고도 4,700여 미터에 일명 무지개산이라고 불리는 오르노 칼산맥Serrania de Hornocal이 있다. 14가지 색채의 언덕이라고 불리기도 한다.

가르다 호수

무작정 걷다 보면
올리브 숲을 지나 바다처럼 푸르렀던,
불어오는 미풍에 마음이 흔들렸던,
삐걱대는 나무 데크는 햇살로 따뜻했던,

내 마음 속
시르미오네.

🇮🇹 위치 : Lago di Garda, Italy

가르다 호수는 이탈리아에서 가장 큰 호수로서 베네토, 롬바르디아, 트렌티노 알토 아디제 3곳의 주에 걸쳐 있다. 총면적이 약 370제곱킬로미터, 최고 수심은 346미터에 이른다. 빙하가 녹아서 형성된 호수이며 호수를 따라 아름다운 소도시들이 산재해 있다. 대표적인 도시가 시르미오네다.

199 바르샤바 와지엔키 공원

뭉게구름 둥둥 떠다니는 하늘 아래 꽃이 만발한 공원.
주말이 되면 남녀노소 시민들이 몰려와서
편안하게 잔디밭에 드러눕거나 앉아서
라이브로 연주되는 쇼팽을 듣는 곳.
여기가 바로 쇼팽의 나라, 폴란드입니다.

■ 위치 : Łazienki Park, Warsaw, Poland

폴란드의 수도 바르샤바는 쇼팽이 탄생한 곳으로 유명하다. 특히 와지엔키 공원은 바르샤바 시민들이 사랑하는 공원이다. 아름다운 궁전과 커다란 연못과 무성한 녹음이 우거진 공간이며 쇼팽의 동상이 공원 가운데 있다. 또한 여름 시즌 매주 일요일에는 무료로 쇼팽 콘서트가 열리는데 시민들이나 여행자들 누구나 편안하게 감상할 수 있다.

200　여행자의 탐색

여행자는 길 위에서 인생의 지도를 탐색하고
타인의 내면을 읽고 삶의 지혜를 얻습니다.

또한 어둠의 시간 속에서 진정한 벗을 발견하고
교언영색의 입들을 멀리합니다.

🇮🇹 **위치 : Modena, Italy**

이탈리아 중북부 에밀리아로마냐주의 한 도시다. 파르마와 볼로냐 중간쯤에 위치해 있는 미식의 도시이기도 하다.
특히 이탈리아 최고의 발사믹 식초 생산지로 명성이 높다. 테너 루치아노 파바로티의 고향이기도 하다.

201 쉐프샤우엔 골목

모로코 북부 깊은 산속 마을 쉐프샤우엔.
온 동네 골목이며 벽이며 푸르게 칠해져 있습니다.
푸르게 칠한 건 푸른 하늘을 닮고 싶어서일까요.

그 푸른 골목 앞에서 나만의 색을 발하며 살고팠는데,
어느새 색을 잃어버린 자신을 발견합니다.
새삼 푸른 하늘 푸른 골목이 묵직한 깊이로 다가옵니다.

★ 위치 : Chefchaouen, Morocco

쉐프샤우엔은 모로코 북부에 위치한 도시로 페스에서 북쪽으로 140킬로미터 거리에 있다. 골목과 주택들이 푸른색으로 칠해져 있어서 모로코에서 가장 포토제닉한, 푸른색의 도시로 유명하다.

202   작은 간이역

작은 간이역이 있습니다.

바다를 향해 있어 공간 가득 그리움이 파도를 치는,
해가 질 무렵 노을빛의 일렁임에 가슴이 저려오는,
그래서 홀로 잠시라도 그 일몰을 쳐다보다가
넋을 잃고 그리움마저도 잃고 텅 빈 껍데기로 돌아오는,
그런 간이역이 있습니다.

● 위치 : Shimonada, Takamatsu, Japan

시코쿠의 에히메현에 있는 시모나다 기차역은 바로 앞 세토 내해를 향해 있는, 소박하지만 아름다운 간이역이다.
JR 시코쿠 요산선의 무인 철도역이다. 소박한 벤치에 앉아 바라보는 일몰이 환상적인 곳으로 유명하다.

203 필라투스 트레킹

필라투스를 여행한다면 산길을 따라 걸어봐야 합니다.
필라투스 트레킹은 수십 개의 알프스 고봉들을
눈앞에 두고 걷는 최고의 길입니다.
저절로 호연지기가 생겨나는 길이랍니다.

🇨🇭 위치 : Pilatus, Switzerland

예수를 처형한 본디오 빌라도(폰티우스 필라투스)의 망령이 떠돌다가 이 산에 이르렀다는 전설로 인해 필라투스산으로 불린다. 해발 2,132미터의 최고봉인 톰리스호른을 필두로 7개의 봉우리로 이루어져 있다. 특히 맑은 날에는 이곳 정상에서 만년설로 덮인 73개의 알프스 봉우리들을 감상할 수 있다.

204 루체른의 밤

루체른의 밤은 깊고 어둠이 깃들었습니다.
비어 있는 대기처럼 인생이 공허하다고 해도,
저 멀리 불빛처럼 반짝이다가 사라질 운명이라 해도

이 순간만큼은
루체른 호수의 깊은 밤을 바라봅니다.

🇨🇭 **위치 : Luzern, Switzerland**

스위스 중부 루체른 호숫가에 있는 루체른은 스위스에서 중세 시대의 모습을 가장 잘 간직한 도시로서 스위스 여행의 필수 코스다. 500년 된 카펠교와 어우러진 구시가의 모습이 고풍스럽고 아름답다.

205 오, 예루살렘

처음 예루살렘을 마주했을 때의 감동을 잊을 수 없습니다.
거대한 종교의 땅, 신과 인간이 공존하는 공간이라 그런지
알 수 없는 엄청난 에너지가 가슴을 파고드는 기분이었어요.
여행은 피상적으로 알던 공간을 온몸으로 체험하는 시간입니다.

🇮🇱 위치 : Jerusalem, Israel

히브리어로 '평화의 마을'을 의미하는 예루살렘은 이스라엘의 수도로서 유대인의 조상 아브라함 계통의 3대 종교인 기독교, 유대교, 이슬람교의 성지다. 팔레스타인과 이스라엘 사이에는 늘 분쟁과 갈등, 전쟁과 테러가 발생하고 있어서 중동과 세계 정세의 불안 요소로 작용하고 있다.

206 진정한 모습

우유니 소금사막의 별들을 보지 못했다면
당신은 진정으로 우유니를 여행하지 못한 것일지도 모릅니다.

낮과 함께 밤의 시간을 보아야
여행지의 진정한 모습을 알 수 있기 때문입니다.

위치 : Salar de Uyuni, Bolivia

볼리비아의 대표적인 여행지인 우유니 소금사막은 지평선을 사이에 두고 푸른 하늘과 하얀 소금사막으로 나뉘어 있는 비현실적인 공간이다. 단순하지만 강렬한 풍경 속에서 세상의 복잡함을 잊을 수 있는 여행지다.

207　에펠탑이 보이는 풍경

가끔은 여행을 하면서 생각을 해봅니다.
긴 시간이 흐르면 결국 무엇이 남을까.

풍경은 그대로인데,
시간에 종속된 인간들은 사라질 존재이기에
현재의 여행이 더욱 애틋하고 소중한 게 아닐까 하고 말입니다.

🇫🇷 **위치 : Paris, France**

파리는 프랑스의 수도이며 서유럽에서 가장 인기 있는 도시이기도 하다. 특히 1889년 프랑스혁명 100주년을 맞았을 때 만국박람회가 열렸고, 이를 상징하기 위한 기념물로 귀스타브 에펠이 에펠탑을 건설했다. 그 높이가 324미터에 이르며, 현재 파리의 랜드마크이자 상징과도 같은 역할을 하고 있다.

208　스플리트 거리의 악사

여행 중 길을 걷다가 골목에서 만나는
거리의 악사들이 선사하는 여행의 기쁨이 있습니다.
스플리트의 구시가 골목에서 만난 기타리스트의 선율은
여행지에서만 누릴 수 있는 특별한 낭만이었습니다.

🇭🇷 **위치 : Split, Croatia**

스플리트는 수도 자그레브 다음으로 큰 도시로서 달마티아 지방의 중심 도시이며 크로아티아 제2의 도시. 스플리트 달마티아주의 주도이며, 아드리아해를 마주 보고 있다. 특히 로마 황제 디오클레티아누스가 황제 자리에서 물러난 후 305년에 이곳에 거대한 궁전을 건설하면서 발전한 도시다.

209 민트티 한 잔

탕헤르의 느지막한 오후, 광장의 소박한 한 찻집.
앞에 놓인 민트티 한 잔을 바라봅니다.
말 없는 주인장이 타준 민트티 한 잔이 세상을 향기롭게 했습니다.
행복은 소박한 차 한 잔에 가득 담겨 있습니다.

★ **위치 : Tangier, Morocco**

모로코인들이 일상적으로 마시는 차가 바로 민트티다. 컵에 담긴 뜨거운 물에 싱싱한 민트 잎을 듬뿍 넣고, 설탕도 아주 많이 넣어서 민트 향과 단맛을 한껏 느끼며 마시는 차다. 모로코인들이 손님에게 일상적으로 대접하는 차이기도 하다.

210 작은 행복

해 질 녘 푸른빛의 모스타르는 가장 평온한 풍경을 선사합니다.
강변을 향해 있는 카페에 들러 잠시 누리는 휴식은
여행을 얼마나 풍요롭게 하는지 모릅니다.
여행은 거창한 무엇이 아니라
사소함 속에 깃든 작은 행복을 찾는 일입니다.

위치 : Mostar, Bosnia & Hercegovina

모스타르는 보스니아 헤르체고비나 남부에 위치한 작은 도시. 1566년 오스만제국 시대에 건설된 아름다운 다리가 유명하며 도시 이름도 다리 수호자Mostari에서 유래했다. 구시가의 가장 오래된 다리인 스타리 모스트Stari Most를 사이에 두고 이슬람과 기독교가 공존하고 있는 묘한 느낌의 도시다.

211 아그라의 위대한 건축

아그라의 위대한 건축 타지마할은
왕비를 향한 왕의 사랑으로 지어졌다고 했습니다.

사람이 이루고자 하는 삶이 그러합니다.
그저 눈에 보이는 것들은 사소함에 지나지 않고,
보이지 않는 추상들이 우리의 삶을 좌우합니다.

위치 : TajMahal, Agra, India

인도 아그라에 위치한 무굴제국의 대표적인 건축물이다. 무굴제국의 황제 샤 자한이 사랑하는 부인 뭄타즈 마할을 기리기 위해 1632년 무덤 건축을 명한다. 뭄타즈 마할이 죽은 지 6개월 후부터 건설을 시작해서 완공하기까지 22년이 걸렸고, 2만여 명의 노동자들이 동원된 엄청난 작업이었다. 1983년 유네스코 세계문화유산으로 지정되었다.

212 비엔나 저녁 산책

비엔나의 골목길을 걷다 보면
여행지가 품은 아우라가 느껴집니다.
묘한 긴장감 속에
이상과 현실 사이를 배회합니다.
걸음의 공간은 같아도
사유의 차원이 다르듯
여행자는 결국
일상 생활자의 뒤를 따라 걷다가
어느새 홀로 남습니다.

여행은 삶과 꿈 사이의 경계를 걷는 일.
누군가는 낭만이라 칭하고
어떤 이는 무모한 용기라고 말합니다.
무엇이든 간에
현재 내가 걷고 있다는 게 중요한 일이니
주저 말고 계속 걷다 보면
어딘가에는 반드시 이르게 됩니다.
그걸로 충분합니다.

▇ 위치 : Vienna, Austria

오스트리아의 수도 빈은 슈테판 대성당을 중심으로 구시가가 형성되어 있으며, 구시가를 링슈트라세 거리가 둘러싸고 있다. 링슈트라세와 마리아힐퍼 거리 등 빈은 도보 여행자들에게도 편리한 여행지다. 여유로운 마음으로 구시가 거리를 산책해보면 또 다른 여행의 즐거움을 만끽할 수 있다.

213 잘츠부르크의 밤

모차르트의 고향 잘츠부르크는 밤이 더욱 아름답습니다.
옛 요새 언덕에 올라 고요하고 푸른 잘츠부르크를 바라보는 순간,
진정한 나만의 탐험이 시작됩니다.

■ 위치 : Salzburg, Austria

잘츠부르크는 오스트리아 서부에 있는 아름다운 도시로서 바로크 양식의 건축물과 모차르트의 출생지, 잘츠카머구트, 알프스 여행의 관문으로 유명하다. 모차르트의 생가가 잘 보존되어 있고, 화사한 미라벨 정원을 비롯해서 영화 《사운드 오브 뮤직》의 배경이 된 장소들이 곳곳에 있다.

214 아시시의 수사처럼

수바시오산 자락에 부드럽게 안겨서
움브리아의 들판 위에
늘 고요한 아시시의 아침입니다.
성 프란치스코처럼 고통스러워도
신을 향하는 온전함, 가난해도 감사하는 겸손,
길이 끝이 없어도 계속하는 순례로
살아가야겠다고 기도합니다.

🇮🇹 위치 : Assisi, Italy

이탈리아 중부에 있는 움브리아주의 아시시는 성 프란치스코의 고향이자 오랜 역사를 자랑하는 소도시다. 피렌체에서 직행열차로 2시간 정도면 닿을 수 있는 그림 같은 중세 마을이다. 수바시오산 자락에 위치한 아시시를 여행한 사람은 누구나 자신도 모르게 평화로운 분위기에 젖어 든다.

215 텔치 구시가

작지만 여유가 넘치고, 평범한 듯하지만 특별한 여행지가 있다면
현대인에게는 최고의 여행지입니다.
체코 남부 모라비아의 소도시 텔치가 바로 그런 곳입니다.
유럽에서 가장 아름다운 광장과 완벽한 르네상스 양식의 건축물로 가득한 곳입니다.
광장 주변 건축물의 패턴을 바라보노라면 이곳을 왜
'예술가들과 몽상가들을 위해 만들어진 도시'라고 부르는지 이해가 저절로 됩니다.
패턴이 가진 아름다움을 직관적으로 알 수 있는 곳이기도 합니다.

위치 : Telc, The Czech Republic

체코 남부 모라비아 지방의 비소치나주의 작은 마을이다. 원래 가옥들은 목재로 지어졌는데, 14세기 말 화재로 인해 도시가 전소되었다. 이후 화재에 대비하기 위해 도시 전체를 석재를 이용해 르네상스 양식으로 재건하였고, 현재의 아름다운 경관을 갖게 되었다. 1992년 유네스코 세계문화유산으로 지정되었다.

216 바흐알프 호수

융프라우 깊은 산속에 바흐알프 호수가 있습니다
홀로 바라보면 충만해지고, 함께 바라보면 행복해지는 곳이랍니다.
홀로이든, 함께이든 호수 앞 벤치에 가만히 앉아서 바라만 보세요.

🇨🇭 위치 : Bachalpsee, First, Switzerland

바흐알프 호수는 융프라우 지역의 해발 2,265미터 고지대에 있다. 사면을 둘러싸고 있는 알프스 고봉들과 호수에 비치는 그림 같은 반영이 아름답다. 두 개의 호수로 구성되어 있으며 위쪽에 있는 호수가 조금 더 크다. 피르스트 전망대와 바흐알프 호수를 오가는 트레킹 코스는 대부분 평탄한 구간으로 누구나 걸을 수 있는 추천 코스다.

217 그라나다 알바이신 석양

그라나다 알바이신 언덕의 작은 광장에 올랐습니다.
노래하는 집시들과 소박한 노점상들, 세계 각지에서 몰려든 여행자들로
묘한 낭만이 흘러넘치는 곳입니다.
하얀 집들과 오묘한 석양빛에 물든 알람브라궁전과
그 너머 시에라네바다산맥의 전경이 환상적으로 펼쳐집니다.
누군가가 연주하는 기타 선율에 마음이 녹아내리고
알람브라궁전의 추억은 가슴속에 영원히 새겨집니다.
결코 잊을 수 없는 마음의 각인입니다.

🇪🇸 위치 : Granada, Spain

스페인 안달루시아 지방에 위치한 도시로서 이베리아반도에 존재했던 이슬람 세력의 마지막 근거지였다. 1942년 이사벨 여왕에 의해 마지막 이슬람 왕조인 나스르 왕조가 함락되었다. 이슬람인들이 건축한 아랍의 문양으로 수놓은 알람브라궁전이 최고의 여행 명소로 남아 있다.

218 과거와 현재의 공존

침사추이 부두에 서서 멀리 우뚝 솟은 빌딩 숲을 바라봅니다.
바다를 오가는 옛 모습의 유람선은 세월이 흘렀음을 말해줍니다.

여행이 좋은 까닭은
나의 과거와 현재 그리고 미래를 가늠해보는 기회이기 때문입니다.

침사추이 부둣가에 오래도록 머무르며
나의 시간을 가늠해봅니다.

위치 : Hong Kong, China

홍콩은 과거와 현재가 공존하는 여행지다. 세계적인 기업들의 빌딩 숲을 배경으로 옛 모습 가득한 유람선이 흘러간다. 과거와 현재의 묘한 공존을 보는 것은 홍콩 여행의 즐거움 중 하나다.

219 아말피 해안 파라솔

패턴과 색채가 가진 아름다움이 있습니다.
우리의 삶 속에 나만의 패턴과 색채가 드러날 때
더욱 아름답게 빛날 수 있습니다.

🇮🇹 위치 : Amalfi, Italy

이탈리아반도 남부 서쪽 해안인 아말피는 나폴리를 주도로 하는 캄파니아주에 속해 있다. 여름 시즌이면 전 세계에서 몰려오는 관광객으로 늘 활기가 넘친다. 진한 색의 파라솔이 아말피의 인기를 실감 나게 해주는 곳이기도 하다.

220 사랑하는 이유

움브리아의 깊은 계곡과 언덕에 자리 잡은 친구의 와이너리를 방문했습니다.
평온한 풍경 속 그의 넓은 포도밭과 올리브밭,
그리고 해 질 녘 해바라기밭이 끝없이 펼쳐졌습니다.
와인을 마시며 얘기를 나누다가 헤어질 무렵
그가 말한 몇 마디에 가슴이 계속 울렁거렸습니다.
"난 매일 끊임없이 변하는 반 고흐의 그림을 보고 있는 것 같아.
내가 여기를 사랑하는 이유지."
나만의 사랑의 이유가 필요합니다. 사람이든, 장소든, 그 무엇이든.

🇮🇹 위치 : Umbria, Italy

이탈리아 중부에 위치한 움브리아주는 스포트라이트를 받고 있는 토스카나주에 늘 가려져 있다. 하지만 움브리아는 좀 더 한가롭고 평온한 소도시들이 가득하다. 페루자, 아시시, 스펠로, 구비오, 스폴레토, 오르비에토 등 토스카나 못지않은 아름다운 장소들이 가득하다.

221 신들의 해안

신들이 거니는 해안이라고 불리는
트로페아 해안에 머물렀습니다.

끝없이 밀려오고 나가는 하얀 파도만 보고 있어도
가슴속까지 시원해집니다.

트로페아 특산 붉은 양파가 토핑된 피자 한 판 먹고
파라솔 아래 누우면 그저 천국입니다.

이탈리아 남부에서는 나만의 작은 천국을 발견할 수 있습니다.

🇮🇹 위치 : Tropea, Italy

트로페아는 이탈리아 남부 칼라브리아주의 작은 해안 마을이다. 특히 티레노 해안을 따라 리조까지 이어지는 해안은 너무나 아름다워서 신들이 산책하는 '신들의 해안'으로 불린다. 신들의 해안에서 가장 아름다운 도시가 바로 트로페아다. 붉은 양파가 특산품이며 해안가 언덕 위에 건설된 구시가에서 바라보는 바다 풍경이 환상적이다.

222 하늘 사다리

하늘로 향하는 사다리가 옥상 위에 있습니다.
한 걸음 한 걸음 오르면 푸른 하늘 뭉게구름에 닿습니다.
사다리를 세운 이도 어쩌면 그런 꿈을 꾸었을 테지요.
꿈을 가져야만 현재의 지평을 넘어설 수 있습니다.

★ 위치 : Sidi Ifni, Morocco

이프니는 모로코 남서쪽 대서양 해안가에 위치한 작은 어촌이다. 유럽의 서핑족과 캠핑족들이 사랑하는 도시로 대서양의 파도와 주변의 독특한 해안 지형이 인기 있다.

223 시옹성

바다처럼 거대한 레만 호숫가에 홀로 서 있는 시옹성.
시인 바이런의 《시옹의 죄수》라는 시의 배경으로 유명해진 스위스의 명소입니다.

중세 시대 모습 그대로 온전히 보존되어 있기 때문인지
비록 고독하게 서 있어도 외롭게 보이진 않았습니다.
저 성처럼 고독하더라도 외롭지는 않은 충만한 삶의 태도를 가져야겠습니다.

🇨🇭 **위치 : Chateau de Chillon, Switzerland**

시옹성은 스위스의 남쪽 보주의 제네바 호수(레만 호수)에 위치한 중세 시대의 섬이자 성이다. 로마 시대부터 군사 유적지였고, 오랜 역사와 함께 지금까지 온전한 모습으로 보존되어 있다. 스위스 국가 중요 문화재로 지정되어 있다. 군사 요새이면서 귀족의 별장으로 사용되었고, 지하 공간은 포로를 수용하는 감옥으로 사용되기도 했다.

224　밤베르크 야경

오랜 세월이 머무는 밤베르크는 건축박물관의 도시라고 불립니다.
다양한 건축양식의 건물들이 가득하기 때문이지요.
밤베르크의 밤을 거니는 산책은 마음을 풍요롭게 하는 산책입니다.

🇩🇪 **위치 : Bamberg, Germany**

밤베르크는 독일 남부 바이에른주의 작은 도시로서 인구는 7만 명 정도다. 마인강이 흐르는 구시가는 1993년 유네스코 세계문화유산으로 지정되었으며 다양한 양식의 건축물로 인해서 '건축박물관의 도시'라고 불린다. 밤베르크 대성당 등 중세 시대의 성당과 수도원 등이 잘 보존되어 있다.

225 여행자의 감각

자연 속 여행자는 해의 위치를 살피고,
구름이 흐르는 방향과 바람의 강도에 더욱 민감해야 합니다.
그래야 여행이 풍요로워집니다.

🇨🇭 **위치 : Grindelwald, Switzerland**

융프라우 지역의 대표적인 산인 아이거를 마주 보고 있는 그린델발트는 융프라우 여행의 거점 마을이다. 주요 철도 노선, 아이거 익스프레스 케이블카, 피르스트행 곤돌라 등 주요 교통수단을 이용할 수 있다. 또한 융프라우 트레킹의 거점 도시로서 주요 트레킹 코스로 이동하기에도 편리한 곳이다.

226 모레노 빙하

아르헨티나의 남쪽 파타고니아의 끝.
빙하 계곡에 이르러서야 육지의 여정이 멈췄습니다.
그 순간 밀물처럼 파도치던 심장은 살아 있음 그 자체.
수만 년 세월이 퇴적된 빙하는 어쩌면 영원의 대체어.
잠시 바라보는 것만으로도 마치 그 시간의 옷자락을 만진 듯 황홀했지요.

위치 : Perito Moreno, Patagonia, Argentina

모레노 빙하는 아르헨티나 남쪽 파타고니아의 산타크루스주에 속해 있는 거대한 빙하다. 로스빙하국립공원에 속해 있으며 1877년 프란시스코 파스카시오 모레노에 의해 발견되어 그의 이름이 붙게 되었다. 높이 60미터, 면적 414제곱킬로미터에 이르는 거대한 빙하는 규모가 압도적이다.

227 인생의 고비

사구를 오르는 게 인생 같아서
숨이 턱턱 막힐 때가 있습니다.
잠시 왔다가 스쳐 가는 바람 같아서
힘든 일도 잊히는 게 인생입니다.
가장 힘든 그 고비만 올라서면
사하라를 한눈에 내려보는 것처럼
인생을 조망할 수 있으리라 믿습니다.

★ **위치 : The Sahara Desert, Morocco**

사하라사막은 아프리카의 여러 나라에 걸쳐 있는 거대한 사막이다. 그중 모로코의 메르주가 마을에서 사하라사막으로 손쉽게 접근할 수 있다. 특히 붉은 모래로 유명한 에르그셰비 지역은 모래알이 다른 곳보다 작고 부드럽다. 사막의 오아시스에서 하룻밤을 보내면 기존의 일상과는 완전히 다른 특별한 체험을 할 수 있다.

228 세이렌의 전설

카프리섬 꼭대기에서 내려다보니
그림 같은 지중해가 펼쳐졌습니다.

어쩌면 이 풍경이 너무 아름다워서 저 앞바다에서
세이렌의 전설이 시작되었는지도 모르겠습니다.

🇮🇹 위치 : Capri, Italy

세이렌은 아름다운 여성의 얼굴에 독수리의 몸을 가진 그리스신화 속 전설의 동물로서 이탈리아반도 서부 해안의 절벽과 바위에 둘러싸인 섬에 사는 바다의 님프들이다. 매혹적인 목소리로 노래를 불러 선원들을 유혹해서 바다에 뛰어들게 만드는 힘을 지녔다고 전해진다. 호메로스의 서사시 《오디세이아》에도 세이렌의 이야기가 나온다. 세계적인 커피 체인점 스타벅스의 로고도 세이렌에서 유래했다.

229 팔레르모 벽화

부서져가는 삶 속에도 예술이 탄생합니다.
아무리 어려워도 그 속에서 자신만의 가치를 찾아야 합니다.

🇮🇹 **위치 : Palermo, Italy**

팔레르모는 이탈리아 가장 남쪽 시칠리아섬의 중심 도시이자 수도다. 시칠리아 북서부 티레니아 바닷가에 위치해 있다. 역사, 문화, 건축, 미식의 도시로 유명하며 이탈리아 마피아가 탄생한 곳으로 알려져 있다.

230 흘러가는 것

작은 도시 위로
흘러가는 게
구름뿐이겠습니까.

세월도 인생도 다 구름처럼 흐르는 것.

 위치 : Veere, Netherlands

뷔레는 네덜란드 남서쪽에 있는 아주 작은 중세 마을이다. 매년 400만 명의 여행자들이 방문하는 곳이다. 주요 명소는 해안과 아담한 구시가 풍경이다.

231 로마 여행자

나만의 공간을 걷고
나만의 시간이 흐릅니다.

여행은 오롯이
내게 집중하는 일입니다.

🇮🇹 **위치 : Roma, Italy**

로마는 이탈리아 중부 테베레강을 끼고 발전한 고대 도시이며 이탈리아 수도이자 세계 최고의 여행지로 자타가 공인하는 곳이다. 과거 로마제국의 수도이자 유럽의 정치, 문화, 역사의 중심지였다. 수많은 유적들이 도시 곳곳에 산재해 있으며 도시 전체가 역사책이자 박물관과 같은 곳이다.

232 폭우 속 프라하

모든 여행이 애틋하고 소중한 까닭은
다시는 그 시간, 그 공간을 만날 수 없기 때문입니다.

폭우가 쏟아지던 그날, 그 프라하처럼
오직 유일무이한 그 여행만이
존재하기 때문입니다.

🇨🇿 **위치 : Praha, The Czech Republic**

프라하 여행의 하이라이트는 프라하성이라고 해도 과언이 아닐 정도로 웅장한 규모와 역사를 자랑하는 체코 최대의 성이다. 성비투스 대성당을 비롯해 다양한 건축물들로 가득한 곳이다.

233 벨베데레 상궁

비엔나에 가면 벨베데레로 향합니다.
클림트의 명작들을 마음껏 감상할 수 있기 때문이죠.

연못에 비친 반영도 멋진 작품이 됩니다.
예술의 향기는 늘 마음을 풍요롭게 합니다.

■ 위치 : Oberes Belvedere, Vienna, Austria

벨베데레 궁은 오스트리아 비엔나 남쪽에 위치한 바로크 양식의 궁전이다. 상궁과 하궁으로 나누어져 있으며 궁전 전체가 미술관으로 사용 중이다. 특히 상궁에는 《키스》를 포함해서 클림트의 세계 최대 컬렉션을 중심으로 다양한 작품을 상설 전시하고 있다. 하궁은 주로 특별 전시장으로 사용되고 있다.

234 클림트의 《키스》

비엔나 벨베데레 상궁의 《키스》 작품 앞에 서자
자신도 모르게 작은 기도가 흘러나옵니다.

"당신의 모양, 당신의 색채, 당신의 눈물이 될게요.
당신의 따스한 눈빛, 손과 발이 될게요.
그리하여 당신의 마음이 되고 싶습니다."
미술관 여행은 예술품의 경이로움에 감탄하는 경험을 선사합니다.

▬ 위치 : Oberes Belvedere, Wien, Austria

벨베데레 궁은 오스트리아 비엔나 남쪽에 위치한 바로크 양식의 궁전이다. 상궁과 하궁으로 나누어져 있으며 궁전 전체가 미술관으로 사용 중이다. 특히 상궁에는 《키스》를 포함해서 클림트의 세계 최대 컬렉션을 중심으로 다양한 작품을 상설 전시하고 있다. 하궁은 주로 특별 전시장으로 사용되고 있다.

235 검은 머리 전당

따사로운 오후 햇살 속에 라트비아 수도 리가를 걷다가
검은 머리 전당이라는 옛 건물과 마주쳤습니다.
낯선 곳을 거닐다가 전혀 모르는 대상을 바라보는 일.
그리고 경탄하고, 생각하고, 느끼고, 옛 시절을 상상해보는 일.
여행은 눈앞에 생생하게 파노라마처럼 펼쳐지는 인생의 책입니다.
또한 역사의 책이고, 미술의 책이며, 음악의 책이고, 영감의 책입니다.
평면의 글자를 입체로 읽어내는 게 바로 여행의 묘미이며 생생한 공부입니다.

■ 위치 : Riga, Latvia

리가는 발트 3국 중 한 나라인 라트비아의 수도이자 인구의 1/3이 살고 있는 라트비아 최대 도시. 발트해에 접해 있는 항구도시이기도 하다. 구시가지는 유네스코 세계유산으로 지정되어 있고, 2014년 유럽 문화의 수도로 선정 되기도 했다. 한자동맹 시절 다양한 길드들이 활동했으며 검은 머리 전당은 그 대표적인 건축물 중 하나다.

236 튈르리 정원 회전놀이기구

유난히 새파랗던 하늘 아래 파리 튈르리 정원에 들렀습니다.
사람들을 태우고 돌아가는 회전놀이기구처럼 인생이 그렇게 흘러가고 돌아갑니다.
가장 높은 곳을 지향하지만, 결국 돌아오는 곳은 원래 서 있던 이 땅입니다.
여행은 어찌보면 모순입니다.
떠남을 지향하지만, 결국은 다시 돌아와야 한다는 현실이니까요.
그래도 여행의 순간은 파리의 한 순간처럼 반짝거리며 빛이 납니다.

🇫🇷 **위치 : Jardin des Tuileries, Paris, France**

튈르리 정원은 파리 루브르박물관과 튈르리 궁전 사이에 있는 정원이다. 1546년 카트린 드 메디시스에 의해 튈르리 궁전의 정원으로 조성되었다. 프랑스혁명 이후 시민들을 위한 공공 공원으로 공개되었다. 대관람차, 회전놀이기구 등이 있어서 가족 여행자들이 즐겨 찾는다.

237 에잇벤하두의 여인

옛 요새 마을 에잇벤하두 앞 메마른 강을 가로질러 나귀를 타고 가는 한 여인.
잠시 나귀를 멈추더니 고개를 돌립니다.
그 담담한 표정 속에서 삶의 고단함보다는 삶의 고요함이 보였습니다.
잠시 스쳐 가는 여행자가 들어서지 못하는 단단한 바위 같은
세월의 고요가 그 속에 있는 듯했습니다.
그런 고요의 사람이 되고 싶었습니다.

★ 위치 : Aït Benhaddou, Morocco

모로코 남부에 위치한 에잇벤하두는 오로지 흙으로 지어진 성채 마을이다. 이를 크사르라고 하는데, 흙을 높게 쌓아 올려 지은 건물들이 모여 있는 사하라인들의 전통 주거지를 의미한다. 특히 에잇벤하두는 남부 모로코 건축양식의 전형을 보여주는 사례로 손꼽히며, 유네스코 세계문화유산으로 지정되었다. 영화 《글래디에이터》의 촬영지로도 유명하다.

238 모네의 연못

인상파의 거장 모네가
40년을 살았던 지베르니의 집과 정원은
그의 그림 속 풍경 그대로였습니다.

늘 자신의 정원과 연못을 가꾸고 사랑한
그의 발자취가 그대로 남아 있습니다.

정원과 연못을 자신의 캔버스에 담아
《수련》 연작 등의 걸작을 남겼습니다.

모네처럼 자신만의 정원이 있는 사람이 되어야 하지 않을까요.

🇫🇷 위치 : Giverny, France

지르베니는 프랑스 파리에서 북서쪽으로 약 80킬로미터 거리에 있는 소도시다. 특히 이곳은 인상파의 거장 클로드 모네가 여생을 보낸 그의 집과 정원 그리고 연못이 있는 곳이다. 《수련》 연작의 실제 모델이 된 연못은 그림 속 풍경과 똑같다고 해도 과언이 아니다. 그가 직접 조성한 정원도 그대로 보존되고 있으며 그의 집은 전시관으로 여행자들에게 공개되고 있다.

239 대서양 파도 타기

대서양의 파도를 찾아온 서퍼들은 한겨울인 1월에도 파도를 탔습니다.
마치 파도와 왈츠를 추듯 이리저리 몸을 던지고 발을 바꾸고
한껏 파도 위로 솟았다가 바닷속으로 들어갔습니다.
그저 잔잔한 물결에 쉬는 건 진정한 서퍼가 아닙니다.
우리는 모두가 인생이라는 바다의 파도를 타는 서퍼이기에
언제든 거친 파도가 덮칠 수 있습니다.
서퍼들처럼 적절한 균형 잡기와 방향 전환을 통해 파도와 춤을 출 수 있다면
인생의 파도타기 또한 아름다울 것입니다.

🇲🇦 **위치 : Sidi Ifni, Morocco**

이프니는 모로코 남서쪽 대서양 해안가에 위치한 작은 어촌이다. 유럽의 서핑족과 캠핑족들이 사랑하는 도시로 대서양의 파도와 주변의 독특한 해안 지형이 인기 있다.

240 바부슈 정리

가지런하게 정리된 모로코 전통 신발 바부슈,
공식대로 대입하면 답이 나오는 수학,
그러나 살아간다는 건 그와 다른 것 같습니다.
그래서 삶은 때로 무질서해 보이고 혼란스럽습니다.
하지만 시간이 흐른 후 돌아보면 그 힘들었던 기억이 추억이 되듯
자전과 공전의 커다란 시간의 틀 안에서 보면 모든 게 힘이 더해져서
선을 이룬다는 걸 인생의 어느 순간 깨닫게 됩니다.

★ 위치 : Fes, Morocco

바부슈는 모로코의 시장에서 흔히 볼 수 있는 모로코인들의 전통 신발이다. 모로코인들이 일상생활 속에서 늘 신고 다니는 슬리퍼 스타일의 신발이다. 연한 가죽으로 만들며 다채로운 원색으로 칠한 신발로서 발이 무척 편하다.

241 마음의 크기

여행이란 일상 속에 쪼그라든
자신의 마음의 크기를 넓히는 일입니다.

 위치 : Cusco, Peru

페루 남동부에 있는 대표적인 도시인 쿠스코는 마추픽추 탐험의 전초기지이자 교통의 요지다. 또한 잉카문명의 흔적들과 스페인 정복 시절의 유산이 가득한 곳이다. 쿠스코 구시가 광장에 서면 오랜 역사와 문명의 흥망성쇠를 거대한 스케일로 느껴볼 수 있다.

242 우마이야 모스크

이슬람교인과 기독교인이 모두 성지 순례로 들르는 우마이야 사원.
1천 년이 넘는 오랜 세월 동안 방문객들로 인해
돌바닥은 반들반들 윤기가 흘렀습니다.
시리아 내전으로 파괴되어버린 우마이야 사원과 다마스쿠스.
세상의 갈등과 전쟁이 더 이상 없기를 늘 기도할 뿐입니다.

위치 : Damascus, Syria

다마스쿠스의 위대한 모스크라고 불리는 우마이야 모스크는 구시가 중심에 위치해 있고. 세계에서 가장 오래되고 가장 큰 모스크들 중의 하나로 이슬람의 4대 성지에 속한다. 세계 최초의 거대한 무슬림제국을 건설한 우마이야 왕조는 기원후 635년 다마스쿠스를 정복한 후, 이곳을 수도로 삼았다. 왕조의 권위의 상징으로 기원후 705년에 우마이야 사원을 건설했다. 원래는 세례 요한에게 바쳐진 비잔틴 양식의 기독교 바실리카였다. 시리아 내전이 발발하기 전까지 전 세계에서 이슬람 교도와 크리스찬들이 성지로 찾아오는 곳이었다.

243 에사우이라 바다

아프리카 최북단 모로코에서 대서양 바다를 바라봅니다.
바다를 바라보면 아무 말도 필요 없습니다.
들고 나는 파도를 보고, 불어오는 바람을 들이키면 됩니다.
고단한 마음도 파도에 씻겨 가고
오로지 푸른빛 대서양 푸른 희망으로 채우면 됩니다.
바다가 주는 푸른 힘, 희망의 에너지입니다.

🇲🇦 **위치 : Essaouira, Morocco**

모로코 서쪽 대서양 해안가에 위치한 항구도시다. 1960년대까지는 모가도르Mogador로 알려져 있었다. 옛 모습이 그대로 남아 있는 구시가인 메디나와 선착장에 가득한 어선들이 인상적이다. 1960년대 말에는 히피들의 도피처로 유명했다.

244 퐁 데 자르 위에서

인생은 흐르는 강물입니다.
영원한 시간 속에서 유유히 과거를 지나 현재를 살고,
미래를 꿈꾸는 한 편의 긴 여행입니다.

멀리 에펠탑이 아스라하던 센강의 늦은 오후,
누구나 그렇게 인생의 강을 건너갑니다.

위치 : Paris, France

예술의 다리(퐁 데 자르)는 프랑스 파리 센강 위에 있는 보행자 전용 다리다. 1801~1804년 나폴레옹의 결정으로 파리 최초의 철교로 완성된 다리가 '예술의 다리'다. 이 다리 위에서 바라보는 파리 야경이 특히 아름답다.

245 경계를 걷는 일

안개인지 구름인지
지상인지 하늘인지
그리움인지 사랑인지
모호한 경계를 걷던 가을이었습니다.

인생은 늘 경계를 걷는 선택의 연속입니다.

🇮🇹 **위치 : Toscana, Italy**

이탈리아 중부의 토스카나는 사계절 다채로운 모습을 보여주는 곳이다. 봄에는 다양한 꽃들이 피어나고 여름이면 무성한 초록으로 가득하며 가을에는 새벽에 안개가 자욱한 풍경이 몽환적인 곳이다.

246 아이거 빙하 이정표

클라이네 샤이데크 고개를 지나
아이거의 바위산 속으로 들어가기 직전에
아이거 빙하가 압도적인 풍경으로 다가옵니다.

산길을 걸을 때면 언제나 눈을 들어 이정표를 바라봐야 합니다.
내 발을 믿으면 길을 잃게 됩니다.
고도가 높을수록 고개를 들고 걸어야 합니다.

🇨🇭 위치 : Eigergletscher, Switzerland

아이거 빙하는 스위스 베른주 베르너 오버란트 지역의 빙하이며 융프라우 지역을 여행할 때 아이거(해발 3,970미터) 봉우리와 묀히 산 사이의 빙벽이다. 빙하의 전체 길이는 2.6킬로미터에 이른다. 아이거글레처역에서 클라이네 샤이데크로 내려가는 '아이거 워크' 트레킹 코스도 인기가 높다.

247   카페 플로리안

베네치아 산마르코 광장에는
오래된 카페 플로리안이 있습니다.
이탈리아 기행의 선구자 괴테를 비롯해서
수많은 예술가들과 여행자들이 들르는
베네치아 여행의 필수 코스입니다.

어느 해 늦가을 스산한 날씨에
여행자들도 드문 비수기에 플로리안을 찾았습니다.
나이 지긋한 직원이 성수기 때와는 달리
여유롭고 우아한 자세와 표정으로 맞아주었습니다.
비수기 여행의 작은 혜택이라고나 할까요.

묵직한 은쟁반에 담긴 깊고 부드러운 라테와
조금 미지근한 생수 한 잔,
날렵하게 컵에 꽂아준 냅킨 하나
그리고 무심히 놓인 영수증 하나까지
모든 게 완벽한 베네치아의 밤이었습니다.

▍🇮🇹 **위치 : Caffe Florian, Venezia, Italy**

산마르코 광장에 있는 카페 플로리안은 1720년에 처음 문을 열었고, 베네치아에서 가장 오래된 카페다. 내부는 고풍스런 장식과 인테리어를 갖추고 있으며 바깥에서는 악단이 라이브로 다양한 음악을 연주해준다. 괴테, 카사노바 등 유명 인사들의 단골 카페로 유명하다.

248 유빙

유유히 떠다니는 유빙들,
간헐적으로 거대하게 울리는
빙하 깨지는 소리들.

페루 리마에서 시작한 여정이
남쪽으로 흘러가다가 40여 일 만에
마침내 도달한 아르헨티나의 끝자락이었습니다.

 위치 : Perito Moreno, Argentina

모레노 빙하는 아르헨티나 남쪽 파타고니아의 산타크루스주에 속해 있는 거대한 빙하다. 로스빙하국립공원에 속해 있으며 1877년 프란시스코 파스카시오 모레노에 의해 발견되어 그의 이름이 붙게 되었다. 높이 60미터, 면적 414제곱킬로미터에 이르는 거대한 빙하는 규모가 압도적이다.

249 알프스를 걷는 여행자

배낭이 무거워도 여행자의 발걸음은 깃털처럼 가볍습니다.
여행자의 시선은 늘 거친 골짜기 너머를 바라봅니다.

🇨🇭 위치 : Matterhorn, Switzerland

스위스 남부 발레주의 청정 마을 체르마트는 마터호른을 중심으로 다양한 액티비티를 체험할 수 있는 전초기지다. 마터호른 주변으로 다양한 트레킹 코스들이 다채롭게 이어지고 있다. 길을 걸을 때마다 눈앞에 펼쳐지는 알프스 산들과 계곡의 풍경이 환상적이다.

250 자연의 시간

장엄한 자연을 바라볼 시간.
무한한 여행의 자유를 누릴 공간.
바로 우리에게 필요한 두 가지.

위치 : Perito Moreno, Argentina

모레노 빙하는 아르헨티나 남쪽 파타고니아의 산타크루스주에 속해 있는 거대한 빙하다. 로스빙하국립공원에 속해 있으며 1877년 프란시스코 파스카시오 모레노에 의해 발견되어 그의 이름이 붙게 되었다. 높이 60미터, 면적 414 제곱킬로미터에 이르는 거대한 규모는 압도적이다.

251 시디 이프니의 저녁

저녁이 오면 모두가 집으로 돌아가고, 여행자는 잠시 골목 모퉁이에서 서성거립니다.
낯선 공간 속 고독한 시간. 여행자가 사랑하고 품어야 할 필연입니다.
따스한 석양빛 무심히 바라보다 찰칵 셔터 한 번 누르고 터벅터벅 다시 걸어갑니다.

★ 위치 : Sidi Ifni, Morocco

이프니는 모로코 남서쪽 대서양 해안가에 위치한 작은 어촌이다. 유럽의 서핑족과 캠핑족들이 사랑하는 도시로 대서양의 파도와 주변의 독특한 해안 지형이 인기 있다.

252 겐트의 평범한 골목

마음을 사로잡는 색감과 분위기가 선사하는
힐링이 있습니다.

겐트의 골목을 걸을 때 그런 위로가 있었습니다.
평범한 골목에서 얻는 비범한 행복입니다.

🇧🇪 위치 : Gent, Belgium

벨기에의 수도 브뤼셀에서 북서쪽으로 50킬로미터 거리에 있는 벨기에의 대표적인 도시들 중 하나가 겐트다. 구시가를 유유히 흐르는 운하는 바다와 연결되며 브뤼헤와도 운하로 연결되어 있다.

253 카렐교 일출

카렐교에서 일출 빛을 보며 생각했습니다.
이 여행의 충만함으로 살아야겠다고.

굳이 설명하지 않아도 가슴으로 전해지는
그런 감동으로 말입니다.

🇨🇿 **위치 : Charles Bridge, The Czech Republic**

프라하 구시가에서 가장 아름답고 역사적인 다리가 바로 카렐교다. 총 길이 516미터의 석조 다리이며 다리 양쪽으로 30기의 성인 조각상들이 세워져 있다. 성경 속 인물들과 체코의 성인들을 기념하기 위한 조각상이다. 특히 프라하의 순교자 네포무크의 조각상이 인기가 많다.

사막에 가는 이유

사막에 가는 까닭은
아무것도 없기 때문입니다.

거대한 공간 속에
오롯이 자신만이 있다는 거지요.

★ 위치 : Merzouga, Morocco

메르주가는 모로코의 사하라사막 탐험을 위한 전초기지 역할을 하는 사막 마을이다. 모로코의 남동부에 있으며 붉은 사막인 에르그셰비와 바로 붙어 있다. 여행자들을 위한 숙소와 사막 탐험을 위한 다양한 액티비티 등을 이곳에서 예약하고 체험할 수 있다.

255 함께하는 사람

구름이 흘러가고
호수 물결도 흐르고
시간도 흐르고
모든 풍경이 강처럼 흐릅니다.

우리의 생도 흐르는 세월 속에 스러져갑니다
그 애틋함 속에 곁에 함께하는 사람이 소중합니다.

🇸🇮 **위치 : Bled, Slovenia**

슬로베니아에서 가장 인기 있는 여행지는 단연 블레드 호수다. 잔잔한 호수 한 가운데 블레드 섬이 있고, 호수 가장자리 높은 언덕 위에는 블레드성이 그림처럼 솟아 있다.

256 지평선

흙길을 따라 먼 지평선 너머 무언가 있으리라 믿으며
오스트리아 국경 마을을 걸었습니다.
지평선의 높낮이가 바뀔 때마다 가슴이 두근거립니다.
여행이란 그렇게 움직일 때 살아 있음을 느끼게 해줍니다.
가슴을 뛰게 하는 건 삶의 자리가 아니라 삶의 지향점입니다.

위치 : Summerau, Austria

수머라우는 체코 국경과 가까운 오스트리아의 작은 시골 마을이다. 프라이슈타트주에 속해 있으며 인구는 700명 남짓 정도다. 체코와 오스트리아를 기차로 이동할 때 간혹 수머라우 기차역에서 잠시 정차하기도 한다.

257 몽블랑의 5유로짜리 커피

해발 3,462미터 푼다 헬브로너 전망대에 올라서
따끈한 커피 한 잔의 여유를 누려봅니다.
5유로짜리 커피 한 잔으로 마치 몽블랑을 산 듯한 느낌입니다.
몽블랑을 바라보는 여유는 살 수 있지요.
여행이란 욕심 부리지 않고
사소한 커피 한 잔으로 여유를 사는 일입니다.

🇫🇷 위치 : Mont Blanc, France

이탈리아와 프랑스에 걸쳐 있는 유럽 최고의 고봉 몽블랑산(몬테 비안코, 해발 4,809미터)을 조망하기에 가장 좋은 전망대인 푼타 헬브로네는 해발 3,466미터에 위치해 있다. 전망대 카페에서 커피 한 잔을 마시며 바라보는 몽블랑산과 주변 전망이 환상적이다.

258 사막 횡단

광활한 모래벌판 위로 사구는 둥그렇게 곡선을 그리고 있습니다.
베르베르족 낙타몰이꾼은 늘 그렇듯 사막을 가로질러 낙타를 몰고 갑니다.
하루 머물다 가는 여행자들은 그저 바람처럼 순간적인 존재이고,
사막은 늘 그대로입니다.

그 광활한 사막에서 스스로 아무것도 아니라는 걸 느낄 때
비로소 삶의 한 자락이 보입니다.

★ 위치 : The Sahara Desert, Morocco

사하라사막은 아프리카의 여러 나라에 걸쳐 있는 거대한 사막이다. 그중 모로코의 메르주가 마을에서 사하라사막으로 손쉽게 접근할 수 있다. 특히 붉은 모래로 유명한 에르그셰비 지역은 모래알이 다른 곳보다 작고 부드럽다. 사막의 오아시스에서 하룻밤을 보내면 기존의 일상과는 완전히 다른 특별한 체험을 할 수 있다.

259 자전거 타듯이

자전거를 타듯이 부드럽게 살아진다면,
한번 익히면 언제든 탈 수 있듯이
그렇게 살아진다면.

그러나 인생은 그렇지 않습니다.

🇳🇱 위치 : Amsterdam, Netherlands

네덜란드의 수도인 암스테르담은 반원형으로 이루어진 세 개의 큰 운하로 둘러싸인 구시가가 특히 아름답다. 2010년 유네스코 세계문화유산으로 지정되었다. 반 고흐 박물관, 암스테르담 국립미술관, 안네 프랑크의 집 등 다양한 명소가 있다.

260 산 페드로 데 아타카마

볼리비아의 우유니 소금사막에서 출발했습니다.
2박 3일 동안 차를 달려서 마침내 국경을 넘어
칠레의 산 페드로 데 아타카마에 도착했습니다.
생소한 도시에 도착하면 골목을 걷고,
이정표를 확인하고, 낯선 얼굴에 적응하는 시간이 필요합니다.
그런 과정을 겪고 나서야 비로소 낯선 공간도
추억으로 돌아볼 수 있는 정겨운 풍경으로 변한답니다.
저 다채로운 벽화가 수놓아진 골목처럼 말이에요.

위치 : San Pedro de Atacama, Chile

산 페드로 데 아타카마는 칠레 북동부 안데스산맥의 황량한 고원지대에 위치한 도시다. 주변으로는 사막, 소금 평지, 화산과 온천 등이 둘러싸고 있다. 근교에 있는 '달의 계곡'을 둘러보는 여행자들을 위한 베이스캠프 역할을 하고 있다.

261 캄피돌리오 광장

미켈란젤로의 천재적인 설계로 더욱 빛나는 그곳.
공간과 건축이 조화롭고 아름다운 광장에 머물 수 있다는 건
로마 여행자의 특혜입니다.

🇮🇹 위치 : Piazza del Campidoglio, Roma, Italy

고대 로마가 탄생한 7개 언덕 중의 한 곳인 캄피돌리오 언덕에 오르면, 광장 중앙에 날렵하게 서 있는 아우렐리우스 황제의 기마상을 중심으로 기하학적 선들과 공간이 펼쳐진다.

262 낯선 시간의 속도

느리게 걸어가는 노인의 등 뒤에서 걸음을 멈췄습니다.
전통 의상 젤라바를 입고 지팡이를 짚은 그의 뒷모습이 무언의 언어로 들려왔습니다.
"여기선 좀 더 천천히 여유를 가지고 걸어보시게. 낯선 시간의 속도를 느껴보시게."
그제서야 푸른 골목이 여행자의 가슴으로 들어와
길이 되고 이야기가 되고 진짜 여행이 되었습니다.

위치 : Chefchaouen, Morocco

쉐프샤우엔은 모로코 북부에 위치한 도시로 페스에서 북쪽으로 140킬로미터 거리에 있다. 골목과 주택들이 푸른색으로 칠해져 있어서 모로코에서 가장 포토제닉한, 푸른색의 도시로 유명하다.

263 긍정의 빛

미켈란젤로 언덕에서 바라본
피렌체 일몰은 어쩌면 인생의 황혼이
그리 쓸쓸하지만은 않을 수도 있겠다는
긍정의 빛이었는지도 모르겠습니다.

🇮🇹 위치 : Firenze, Italy

아름다운 르네상스의 도시 피렌체를 조망하기 가장 좋은 곳이 바로 미켈란젤로 언덕이다. 특히 해 질 녘 그 언덕에 오르면 석양빛에 물든 두오모를 비롯해서 피렌체의 가장 아름다운 시간을 감상할 수 있다.

264 역사와 전설을 찾아가는 즐거움

긴 세월 수많은 외세의 침략으로 고통을 받았지만
이제는 평화로운 삶과 자유를 누리는 리투아니아의 수도 빌뉴스.
고난을 통해 깊어진 평온함이 대기를 타고 흐르는 듯한 느낌이 가득합니다.
낯선 여행자들에게도 친절하고 상냥한 시민들로 인해 여행이 더욱 매력적인 곳입니다.
빌뉴스 곳곳에 숨겨진 역사와 전설을 찾아가는 즐거움이 풍성합니다.
여행이란 직접 가봐야만 알 수 있는
숨은 이야기와 인생의 지혜를 배울 수 있는 기회입니다.

위치 : Vilnius, Lithuania

빌뉴스는 발트 3국 중 한 나라인 리투아니아의 수도다. 1323년 리투아니아 대공 게디미나스가 성채를 세우면서 역사가 시작되었다. 격동의 역사 속에서 여러 나라의 지배와 침략을 받았으며 1991년 소련으로부터 독립하면서 공화국으로서 조금씩 안정을 누리며 발전을 하고 있다.

265 갠지스강

인도 바라나시는 특별한 아우라가 있는 도시입니다.
모든 삶과 죽음, 그 먼 이후도 흐르고 흘러
갠지스강에서 결국 하나가 되는가 봅니다.

하루하루 평온함 속에서 울고 웃으며 살다가 어느 날,
갠지스강에서 반짝이는 불빛처럼 아름답게 만나리라 믿습니다.

🇮🇳 위치 : Ganges River, India

인도 북부를 흐르는 강으로 전체 길이가 무려 2,506킬로미터에 이른다. 히말라야산맥의 빙하에서 발원해 인도 북부를 흐르다가 벵골만으로 흘러간다. 무엇보다 갠지스강은 힌두인들에게 성스러운 장소이며 바라나시와 같은 힌두교 성지를 거쳐 흘러간다.

266 말 끄는 사람

풍경은 거대하고 사람은 소소합니다.
해발 5천 미터 넘는 고산을 뛰듯이 오르내리며 말을 끄는 그들.
가끔은 그런 생이 눈물겹습니다.
다 그렇게 고되고 가슴 저린 삶을 살고 있다는 생각에 울컥하는 순간.
풍경보다 사람이 더 아름다웠습니다.

🇵🇪 위치 : Vinicunca, Peru

페루 안데스산맥의 해발고도 5,200미터에 위치한 비니쿤카는 신비로운 토양의 색채로 인해 무지개산으로 불린다. 만년설이 녹으면서 색채의 산이 모습을 드러내기 시작했고, 2010년대 중반부터 세상 사람들에게 알려지기 시작했다. 다양한 광물 성분의 지층들이 길게 띠를 이루며 환상적인 색채를 보여준다. 그곳에 살아가는 주민들은 여행자들을 말에 태워 정상까지 데려다주고 돈을 버는 일을 한다.

267   포토시의 황야

해발 4천 미터의 고도에서 쉼 없이 뜨거운 수증기를 뿜어내는
노천 온천을 만났습니다.
여행은 늘 새로운 풍경의 경이를 깨닫게 하고,
자연의 신비에 빠지게 합니다.
여행자는 그런 신비의 주술에 걸려 일생을 떠도는
운명의 사람입니다.

🏳️ **위치 : Potosi, Bolivia**

포토시는 볼리비아 남서부에 위치한 주로서 서쪽으로는 칠레와 국경을 접하고, 남쪽으로는 아르헨티나 국경과 접해 있다. 볼리비아 여행의 하이라이트인 우유니 소금사막도 포토시주에 속해 있다.

268 융프라우 만년설 길

길은 이렇게 길게 이어지고
아직 삶의 호흡이 깊으니
지치지 말고 걷다 보면
결국 만나겠지요.

만날 인연은 결국 만나게 되니까요.

🇨🇭 **위치 :** Jungfraujoch, Switzerland

해발 3,454미터의 융프라우요흐는 유럽의 지붕이라고 불린다. 인터라켄에서부터 산악 열차를 타고 클라이네 샤이데크를 거쳐 약 7킬로미터의 암벽 터널을 통과해서 융프라우요흐 정상역까지 열차로 올라갈 수 있다. 융프라우요흐 정상역은 사시사철 만년설로 덮여 있으며 다양한 액티비티와 체험을 할 수 있다.

269 파리의 밤

풍네프 다리 위를 걷습니다.
파리에서라면 조금 흔들려도 좋습니다.
에펠탑을 수놓은 전구들이 마치 휘갈긴 낙서처럼 쏟아지던 밤.
가끔은 낙서처럼 떠오르는 생각들을 마구 적어봅니다.
간혹 그 속에서 보석 같은 길을 발견할 수 있습니다.
파리의 밤처럼 말입니다.

🇫🇷 위치 : Paris, France

프랑스의 수도이자 '예술의 도시'라는 별명처럼 회화, 조각, 패션, 음악 등 다양한 예술의 세계적인 중심지다. 도시를 관통해서 흐르는 센강 양쪽으로 역사적인 건축물과 여행 명소들이 끝없이 이어진다. 에펠탑, 루브르박물관, 샤크레쾨르사원, 샹젤리제 거리 등 파리의 모든 곳이 여행자의 가슴을 설레게 한다. 유럽의 3대 야경답게 가장 낭만적인 밤 풍경으로도 인기가 높다.

270 길의 의미

북아프리카 모로코의 모든 길은 사하라사막으로 향했습니다.
그리고 그 모든 길들은 사하라사막에서 소멸합니다.
사하라사막까지는 길들이 이어지지만
정작 사하라사막에 도착하면 길은 사라집니다.
인생의 목표도 그럴지도 모릅니다.

⭐ 위치 : On the Road to the Sahara Desert, Morocco

모로코 여행의 가장 하이라이트가 되는 목적지이자 여행자들의 버킷 리스트는 바로 사하라사막이다. 아틀라스산맥을 건너, 광활한 황야와 크고 작은 도시와 마을을 지나 마침내 긴 여정 끝에 도달하는 곳이 바로 사하라사막이다. 길의 방향은 분명하기 때문에 스스로 지치지만 않으면 사하라사막은 생각보다 쉽게 도달할 수 있다.

271 베네치아 작은 광장

상투적으로 화려하게 등장하는 랜드마크보다는
사소한 이런 공간이 마음에 더 오래 남습니다.

사람도 그렇습니다.
화려한 언어를 구사하던 이들은 대부분 쉽게 떠납니다.
서툴러도 잔잔하고 따스하게
오래 지속되는 마음의 사람이 좋습니다.

🇮🇹 **위치 : Venezia, Italy**

수상도시 베네치아는 수많은 다리와 미로 같은 골목길 그리고 무수한 광장들로 구성된 독특한 구시가를 품고 있다. 산마르코 광장이 가장 크고 유명한 광장이지만 구시가 여기저기 아담한 광장들이 숨어 있다. 작은 크기의 광장이 선사하는 묘한 분위기의 평온함이 있다.

272 실버 라이닝

갑자기 쏟아지는 빛 내림은
마치 고단한 내 여정에 비추이는 하늘의 은총과도 같았습니다.

힘겨워도 쓰러지지 않고 나아가야 하는 까닭은
바로 당장은 보이지 않아도 구름 뒤에 존재하는
실버 라이닝 때문입니다.

★ 위치 : Somewhere in Morocco

모로코를 여행하다 보면 사하라사막 가까이 갈수록 붉은색 황야가 끝없이 이어진다. 삭막한 듯 하지만 그런 가운데서도 오아시스가 있고, 사람들이 살아가는 마을들이 있다. 사하라사막으로 향하는 길은 묘하게 철학적인 사색을 선사한다.

273 페리토 모레노 빙하 앞에서

기대한 얼음 장벽 앞에 서자
비로소 파타고니아의 가장 남쪽에 이르렀음을 깨달았습니다.
막다른 빙하 장벽 앞에서 인간의 길이 끝나는 곳에 다다르자
왠지 모를 성취감이 몰려왔습니다.
여행을 할 때든, 어떤 일을 할 때든
어떤 방향이 정해진다면 끝까지 가볼 필요는 있습니다.
그러면 성취감이든 새로운 도전의 방향이든 보일 테니까요.

🇦🇷 위치 : Glacier Perito Moreno, Argentina

모레노 빙하는 아르헨티나 남쪽 파타고니아의 산타크루스주에 속해 있는 거대한 빙하다. 로스빙하국립공원에 속해 있으며 1877년 프란시스코 파스카시오 모레노에 의해 발견되어 그의 이름이 붙게 되었다. 높이 60미터, 면적 414 제곱킬로미터에 이르는 거대한 빙하는 그 규모가 압도적이다.

274 달의 계곡 돌처럼

돌처럼 단단하다가
모래처럼 부서지는 게
마음.

마음을 보지 못하면
세상을 아무리 잘 봐도 소용없어요.
진짜 같은데 나중에 보면 아닌 게
사람 마음.

돌처럼 묵직한
마음의 무게가 그리운 시간.

내 마음의 사람들,
잘 지내시는지 궁금한 날입니다.

위치 : La Valle de La Luna, Chile

남미의 몇몇 나라들에는 독특한 지형과 색을 가진, '달의 계곡'이라 불리는 지역이 있다. 볼리비아와 함께 대표적으로 칠레의 달의 계곡이 그렇다. 이곳은 독특한 색감과 스케일이 큰 지형으로 인해 가장 낯설고 멋진 풍경을 선사하는 곳이다.

275 시리아 광야

시리아의 거대한 광야 한가운데 빛과 그림자가 흐릅니다.
그 광야를 횡단하는 양 떼들과 목자 한 사람.
방향을 아는 리더가 있기에 양 떼들은 안심하고 나아갑니다.

위치 : Syria

시리아는 주요 도시 지역을 제외하면 붉은빛 광야가 넓게 펼쳐져 있다. 구약 성서의 주요 무대이기도 했으며 현재도 광야에는 양 떼들을 이끌고 목초지를 찾아다니는 목자들을 볼 수 있다.

276 두 사람을 위한 자리

홍콩 빅토리아 피크 정상의 레스토랑 구석진 창가 자리에 앉으면
오직 두 사람을 위한 최고의 자리입니다.
홍콩의 눈부신 전망과 바다가 시원스럽게 펼쳐집니다.
자신과 사랑하는 이를 위해 그 자리를 예약하는 기회를 잡으세요.
장소가 주는 마음의 교감과 특별한 기쁨이 있기 때문이니까요.

🇨🇳 위치 : Hong Kong, China

홍콩 본섬에서 피크 트램을 타고 정상에 오르면 홍콩을 한눈에 내려다볼 수 있다. 아름다운 전망과 함께 레스토랑들이 자리 잡고 있는데, 가장 전망 좋은 통유리창 좌석은 현지인들이 특별한 이벤트를 위해 예약하는 장소로 인기가 높다.

277 진정한 휴식

청정한 대자연 속
가만히 바라보며 머무르는 일.
이것이 진정한 휴식입니다.

위치 : Bachalpsee, First, Switzerland

바흐알프 호수는 융프라우 지역의 해발 2,265미터 고지대에 있다. 사면을 둘러싸고 있는 알프스 고봉들과 호수에 비치는 그림 같은 반영이 아름답다. 두 개의 호수로 구성되어 있으며 위쪽에 있는 호수가 조금 더 크다. 피르스트 전망대와 바흐알프 호수를 오가는 트레킹 코스는 대부분 평탄한 구간으로 누구나 걸을 수 있는 추천 코스다.

278   긴 여행의 끝

넓은 세상을 보고자 떠났던 긴 여행의 끝은
결국 내 마음의 작은 동굴 속을 들여다보는 것이었습니다.

🇦🇹 위치 : Dürnstein, Austria

오스트리아 도나우강 변에 있는 작은 중세 마을이다. 유명한 와인 재배 지역인 바하우 지역에 속해 있다. 바하우 지역은 유네스코 세계유산으로 지정되어 보호받고 있다. 뒤른슈타인은 특히 영국의 사자왕 리처드 1세가 뒤른슈타인 요새에 포로로 갇혀 있던 곳으로 유명하다. 마을 제일 꼭대기에 요새의 유적이 남아 있다.

279 잠시 멈춰 서서

달빛 은은한 마테라의 밤,
길을 가던 남녀와 반려견이 발걸음을 멈추고 한참을 바라보았습니다.
달을 보는 걸까요, 마테라를 보는 걸까요,
아니면 대기 속에 잔잔히 흐르던 고요를 보는 걸까요?
그들처럼 우리는 멈추고 응시하는 시간을 가져야 해요.

🇮🇹 **위치 : Matera, Italy**

이탈리아 남부 바실리카타주의 소도시이며 선사시대 동굴 거주지인 새시로 유명한 곳이다. 아펜니노산맥의 깊숙한 계곡 속에 형성된, 이탈리아 남부 여행의 백미와 같은 곳이다.

280 카사블랑카 모스크와 소년

카사블랑카의 대서양 바다 위로 거대한 모스크가 솟아 있습니다.
'신의 거처가 물 위에 있다.'라는 코란의 내용에 따라 건설되었다는 하산 2세 모스크입니다.
거대한 모스크가 보이는 그 바닷가에 한 소년이 낚시 삼매경에 빠져 있습니다.
종교와 삶이 공존하는 소소한 장면이었습니다.
어떤 형태로든 갈등과 차별이 없는 이상을 꿈꿔봅니다.

🇲🇦 **위치 : Casablanca, Morocco**

카사블랑카는 모로코의 최대 도시 중 하나다. 특히 대서양 바닷가에 건설된 하산 2세 모스크는 모로코 최대 규모다. 모스크의 미나레트(탑)는 200여 미터로 세계 최대 높이를 자랑한다.

281 모여 있는 풍경

토스카나의 어느 완만한 언덕에
사이프러스가 군락을 이루고 있습니다.
저렇게 모여 있음이 마음에 위안이 됩니다.
누구나 혼자가 아닌 꿈이 있습니다.
저 사이프러스가 모여 있는 풍경 앞에 서면
그저 마음에 위안이 됩니다.

🇮🇹 위치 : Toscana, Italy

이탈리아 중부에 위치한 토스카나주의 상징은 사이프러스 나무다. 중세 시대 귀족들이 자신의 영지를 아름답게 꾸미기 위해 심었다고 전해진다. 사이프러스는 여러 가지 의미와 해석을 가지고 있는데, 종교적으로는 하늘과 땅을 연결해주는 역할을 하고, 토양학적으로는 지반을 견고하게 잡아준다고도 한다. 토스카나와 사이프러스는 오랜 세월을 거치면서 불가분의 관계를 이루고 있다.

282 에사우이라 모자 노점상

허름한 골목의 낡은 벽에 가지런히 정리되어 있는 모자들.
정돈된 노점상의 벽이 아름답게 느껴졌습니다.
삶이 아름다울 수 있는 건 아름답게 바라보기 때문입니다.

★ 위치 : Essaouira, Morocco

모로코 서쪽 대서양 해안가에 위치한 항구도시다. 1960년대까지는 모가도르Mogador로 알려져 있었다. 옛 모습이 그대로 남아 있는 구시가인 메디나와 선착장에 가득한 어선들이 인상적이다. 1960년대 말에는 히피들의 도피처로 유명했다.

283 센소지 하늘

센소지 하늘 위 흐르는 구름처럼
잔잔하게 흐르는 미풍처럼
미끄러지듯이 조용히 자전거를 타는 사람처럼
부드럽게 그렇게 시간이 흐르기를 빌어봅니다.

● 위치 : Asakusa, Tokyo, Japan

아사쿠사는 도쿄에 있는 지역 이름으로 센소지, 가미나리몬을 중심으로 하는 번화가의 명칭이다. 제2차 세계대전 이전에는 도쿄 유일의 번화가로 유명했다. 이후 신주쿠, 시부야 등 새로운 번화가들이 생겨났다.

284 큐브하우스

마치 상상을 현실로 만들어낸 듯한
큐브하우스 사이로 푸른 하늘, 흰 구름이 보였습니다.
스스로 자신의 상상과 꿈을 제한하는 것만큼 어리석은 일은 없습니다.
꿈이라는 건 어쩌면 언젠가는 이루어질 현실이란 말일지도 모르겠습니다.

🇳🇱 위치 : Cube House, Rotterdam, Netherlands

네덜란드 건축가 피트 블롬이 디자인한 큐브하우스는 나무가 모여 숲을 이룬 것처럼 각각의 입방체가 모여서 주거 단지를 이루고 있는 모습을 표현했다. 스위스 언어학자 소쉬르로 대표되는 구조주의의 철학을 건축으로 해석한 피트 블롬의 대표적인 건축물이다. 1984년 로테르담의 블락 메트로역 위에 파격적인 모습의 공동주택 큐브하우스를 디자인해서 당시에 신선한 충격을 주었다.

285 다른 시간

언제나 같은 시간이 흐르는 건 아닙니다.
공간이 다르고, 바람이 다르고, 삶이 다르듯 시간도 다르게 흐릅니다.
부드러운 페이스트리의 겹처럼 공존하지만
서로 다른 시간의 층이 있습니다.
여행은 그런 시간의 겹을 볼 수 있는 지혜의 길입니다.
결국 그렇게 잘 발효된 인생이라는 빵이 완성됩니다.

★ 위치 : Asilah, Morocco

모로코의 서쪽 대서양 해안가에 위치한 작은 해안 마을이다. 구시가인 메디나의 건물 벽면마다 다채로운 벽화들이 그려져 있다. 매년 전 세계에서 벽화를 그리는 사람들이 몰려와 자신의 작품을 그리는 벽화 축제로 유명한 곳이다.

286 그런 날

그런 날이 있습니다.
달디단 설탕 듬뿍 넣은 커피 한 잔 마시고 싶은 그런 날.
햇살 한 움큼 쏟아 넣고 따끈한 바람으로 휘저어
적당히 따듯한 커피 한 잔.

햇살이 게으름을 피우듯 오래 머무는 광장 한 켠의 카페에 앉아
눈 앞의 풍경을 바라보는 시간이 필요한 그런 날 말입니다.

위치 : Chefchaouen, Morocco

모로코 북부에 위치한 도시로 페스에서 북쪽으로 140킬로미터 거리에 있다. 골목과 주택들이 푸른색으로 칠해져 있어서 모로코에서 가장 포토제닉한, 푸른색의 도시로 유명하다.

287　구름 속 마추픽추

인생은 구름과 같습니다.
한 치 앞도 내다볼 수 없는 짙은 구름 아래
마추픽추를 향한 한 걸음 한 걸음이 소중했습니다.

돌아보면 삶이란 결국 그러한 시간의 인내입니다.
구름 언덕 너머 당당하게 걸어가야 합니다.
그러면 언젠가는 구름 걷힌
햇살 가득한 풍경을 만날 테니 말입니다.

위치 : Machupicchu, Peru

마추픽추는 잉카제국의 파차쿠티 황제에 의해 15세기경 건설된 것으로 추정된다. 해발 2,340미터의 산꼭대기에 건설된 신비의 도시다. 어느 날 갑자기 사람들이 모두 떠나고 버려지고 잊혀졌다가 1911년 미국의 탐험가 하이럼 빙엄에 의해 다시 발견되어 세상에 알려지게 되었다. 접착제를 일절 사용하지 않고 석재들을 쌓아 올려 건설했으며, 아직도 건설의 원리나 방법은 신비에 싸여 있다.

288 베네치아의 새벽

늘 혼잡한 베네치아도 이른 아침은 고즈넉합니다.
그 시간은 홀로 명상을 할 수도 있고
가벼운 산책 겸 운동을 하며
심신을 단련하는 시간이 됩니다.
세상이 혼란스러워도
나만의 새벽으로 인생은 충만해집니다.

🇮🇹 위치 : Venezia, Italy

베네치아는 이탈리아 북동부 베네토주의 중심 도시이자 과거 베네치아공화국의 수도였다. 아드리아해 위에 떠 있는 수상 도시로서 자동차가 한 대도 다닐 수 없으며 모든 교통수단은 수상 버스(바포레토)와 수상 택시 등 보트다. 오늘날의 베네치아는 5세기경 시작된 것으로 추정한다. 이민족들의 침략을 피해서 이곳으로 피신한 로마의 피난민들이 떡갈나무 말뚝을 바다 속 점토층에 박고 그 위에 석판을 깔아서 도시를 건설했다.

289 바덴의 겨울

문득 돌아보니 눈부시게 아름다웠습니다.
놀아보았는데 아름답지 않으면 얼마나 슬프겠습니까.
슬플까 돌아보지 않는 건 더욱 서러운 일이니
용기를 내어 돌아보아야 합니다.

🇨🇭 위치 : Baden, Switzerland

바덴은 스위스 취리히 근교에 위치한 온천 도시로 유명하다. 특히 이곳의 온천은 섭씨 47도 정도로 유황 성분을 포함하고 있으며 고대 로마 시절부터 온천 휴양지로 인기가 높았다. 괴테, 니체 등 유명 인사들이 이곳에서 온천욕을 즐긴 것으로 유명하다. 리마트강을 끼고 조성된 구시가는 중세화처럼 고풍스럽다.

290 청춘의 시간들

기다리면 기차는 오겠지요.
행여 오지 않을까 고뇌하던 청춘의 시간들.
돌이켜보면 그때가 참 따스하고 이쁜 시간이었어요.
결국 만나야 할 운명은 만나게 되어 있어요.

● 위치 : Hida-shi, Gifu, Japan

일본 기후현의 최북단에 위치한 조용한 소도시다. 신카이 마코토 감독의 애니메이션 《너의 이름은》의 배경지로 나오면서 유명세를 치르게 되었다. 주인공들의 여정 속에서 히다후루카와 기차역과 히다규 역장 모형이 등장한다.

291 창문의 각도

창문을 열어둔 까닭은
지는 해가 비칠 각도를 배려함이 아니었습니다.
왠지 모를 그리운 마음이 가득 차서
더 이상 방 안에 가두어두지 못하기 때문입니다.

가끔은 창문처럼 마음을 열어두어야 합니다.

● 위치 : Nagoya, Japan

나고야는 일본의 중부 아이치현에 속해 있으며 교토와 도쿄의 중간 지점에 위치해 있어서 '중앙의 수도'라고 불린다. 나고야성, 오스칸논 사찰, 아츠타 신궁, 나고야 TV타워 등이 유명하다.

292 사막을 건너는 여행자

사막에서의 하룻밤이 마치 일상 속에서 보낸 일 년처럼 느껴지고,
마치 긴 꿈을 꾼 듯 몽롱한 아침이었습니다.
부지런한 여행자들은 낙타몰이꾼의 손에 이끌려
보이지 않는 사막의 길을 찾아 다시 도시로 향했습니다.
높은 사구 아래에서 베르베르족 청년과 밤 늦게까지
이야기 나누던 시간은 사막처럼 깊었습니다.
사막에 드리운 그림자는 어쩌면 그곳에 남고 싶은 여행자의
영혼의 표시인지도 모르겠습니다.

■ 위치 : The Sahara Desert, Morocco

사하라사막은 아프리카의 여러 나라에 걸쳐 있는 거대한 사막이다. 그중 모로코의 메르주가 마을에서 사하라사막으로 손쉽게 접근할 수 있다. 특히 붉은 모래로 유명한 에르그셰비 지역은 모래알이 다른 곳보다 작고 부드럽다. 사막의 오아시스에서 하룻밤을 보내면 기존의 일상과는 완전히 다른 특별한 체험을 할 수 있다.

293 고흐의 마지막 발자취, 오베르 쉬르 우와즈

불멸의 화가 반 고흐의 마지막 발자취가 남은 곳이
바로 파리 근교의 오베르 마을입니다.
고흐를 사랑하는 이들이 반드시 방문하는 성지와 같은 곳입니다.
고흐의 발길이 곳곳에 남아 있는 이곳은 여행자들에게
고흐의 비극에 대한 슬픔과 함께 깊은 영감과 삶에 대한 성찰을 주는 곳입니다.
오베르를 찾는 여행자는 분명 인생의 깊은 슬픔과 고뇌 속에서
희망의 황금 밀밭을 발견해내리라 믿게 되는 곳이기도 합니다.

▌위치 : Auvers-Sur-Oise, France

오베르 마을은 프랑스 파리에서 약 24킬로미터 거리에 있는 고즈넉하고 평화로운 시골 마을이다. 반 고흐가 마지막 생을 보낸 곳이며 많은 작품을 남긴 곳이다. 또한 그의 무덤도 오베르 마을 묘지 한구석에 있다. 마을 곳곳이 고흐 작품의 배경이 되었으며 《까마귀가 나는 밀밭》도 오베르 마을 뒤편의 밀밭을 보고 그린 것으로 유명하다.

294 그 겨울, 설경

새하얀 눈이 쌓인 마을은 온통 하얗게 빛났습니다.
복잡한 길과 사물들이 하얀 눈으로 덮이자
풍경은 완전히 달라졌습니다.
계절의 변화가 만들어내는
새로운 풍경을 마주하는 마음이 필요합니다.

● **위치** : Biei, Hokkaido, Japan

홋카이도의 대표적인 여행지인 비에이는 특히 겨울 시즌 설경으로 유명하다. 온 세상 가득 하얀 눈으로 덮인 풍경이 어디에서도 느낄 수 없는 평온함을 안겨주는 곳이다.

295 코토르의 푸른 저녁

낯선 곳에서 맞이하는 저녁만큼 설레는 시간은 없습니다.
해가 지고 푸른빛이 세상을 물들이는 시간.
구시가 뒷편 언덕에 올라 내려다보는 순간만큼
가슴 설레는 일은 없습니다.
여행지를 가장 아름답게 밝혀주는 시간이 있듯이
우리의 삶도 그런 때가 있지 않을까요?

 위치 : Kotor, Montenegro

코토르는 몬테네그로 남서부의 코토르만에 위치한 중세 항구도시다. 중세 도시의 모습이 잘 보존되어 있고, 도시를 둘러싼 자연도 아름답다. 1979년 유네스코 세계문화유산으로 지정되었다. 구시가 뒤편 언덕에 올라 내려다보는 구시가와 바다 전망이 특히 낭만적이다.

296 루마니아 늦가을

쓸쓸하고 황량한
루마니아의 늦가을이었습니다.

들판 한가운데
파란 벽 노란 문의 집 한 채가 있었습니다.
사람의 흔적에 가슴이 뜨거워졌습니다.

🇷🇴 **위치 : Somewhere in Romania**

동유럽에서 가장 큰 나라인 루마니아는 1989년 공산 정권이 붕괴된 후 1990년 민주화를 이루며 새 역사를 시작했다. 2007년 유럽연합의 정식 회원국이 되었다. 흑해로 흘러가는 다뉴브강은 유럽에서 두 번째로 큰 삼각주를 형성하고 있다.

297 푸르마르카 뒷동산

여행이 경이로운 순간은
평범함 속에서 비범한 풍경과 순간을 조우할 때입니다.
푸르마마르카 마을 뒷동산에 올랐을 때도 그러한 순간이었어요.
무지갯빛 다채로운 색상의 산과 언덕이 눈앞에 비현실적으로 펼쳐졌습니다.
아르헨티나의 길고 긴 이동의 여정 속에서
하루를 머물지 않았더라면 놓쳤을 장소였습니다.
여행이든, 인생이든 소중한 순간은 늘 우리 곁에 있어요.

🇦🇷 **위치 : Purmamarca, Argentina**

'사막 도시'라는 뜻의 푸르마마르카는 아르헨티나의 케브라다 데 후마후아카산맥의 중심에 자리한 작은 마을이다. 전통 시장이 열리는 작은 광장과 골목길을 따라 주민들의 소박한 삶을 엿볼 수 있는 곳이다. 마을 가운데 있는 작은 동산에만 올라도 빨강, 분홍, 노랑 등 무지갯빛의 산들이 둘러싼 풍경을 감상할 수 있다.

298 루벤스의 고향

벨기에의 아름다운 도시 안트베르펜은 루벤스의 고향입니다.
동화《플랜더스의 개》의 주인공 소년 네로가 롤모델로 삼은 인물입니다.
네로는 이곳 대성당에 걸려 있는 루벤스의 그림을 보는 게 꿈이었습니다.
꿈을 찾아 네로는 안트베르펜으로 마지막 여행을 떠납니다.
여행이란 자신의 꿈을 찾아가는 여정입니다.

위치 : Antwerpen, Belgium

안트베르펜은 벨기에 북부 플랑드르 지방의 대표적인 도시이자 주도다. 동화《플랜더스의 개》의 주인공 소년 네로가 동경한 화가 루벤스의 고향이기도 하다. 시청사, 대성당, 루벤스의 생가 등 구시가는 도보로 둘러보기에 적당하다.

299 반 고흐 다리가 있는 풍경

아를 구시가를 벗어나 그가 즐겨 걸었던 한적한 숲길을 걷다 보면
그림 속 풍경 그대로 '반 고흐 다리'가 나타납니다.
그저 평범한 다리일 뿐인데 고흐의 그림의 소재가 되면서
고흐를 사랑하는 이들과 아를을 찾는 여행자들이 찾아오는 명소가 되었습니다.
평범한 장소도 누군가에게는 비범한 작품의 소재가 됩니다.
그걸 찾아내는 안목이 필요합니다.

🇫🇷 **위치 : Le Pont Van Gogh, Arles, France**

프랑스 남동부 프로방스 지방의 아를은 중세의 흔적과 인상파 화가 고흐의 발자취가 남아 있는 소도시다. 곳곳에 그의 그림의 배경이 된 장소들이 가득하다. 《밤의 카페 테라스》, 《론강의 별이 빛나는 밤》 등이 아를을 배경으로 그려졌다. 또한 아를 외곽의 도개교인 반 고흐 다리도 고흐 덕분에 명소가 되었다.

300 혼자 길 건너기

인생의 어느 순간,
누구나 혼자 길을 건너야 합니다.

🇧🇴 위치 : Potosi, Bolivia

볼리비아 남서부에 위치한 주로서 서쪽으로는 칠레와 국경을 접하고, 남쪽으로는 아르헨티나 국경과 접해 있다. 볼리비아 여행의 하이라이트인 우유니 소금사막도 포토시주에 속해 있다.

301 론강의 까마귀

석양이 지면 고흐처럼 앙상한 영혼이 되어
론강 둑에 앉아 산가지 너머 먼 하늘만 응시하겠습니다.

🇫🇷 **위치 : Rhône River, France**

론강은 스위스 알프스의 론 빙하에서 발원해서 제네바 호수를 통해 프랑스 남동부를 따라 흐르다가 지중해로 흘러드는 강이다. 프랑스 남부에서 론강 변의 주요 도시는 아비뇽과 아를이다.

302 사해 쿰란 동굴

잃어버린 염소 한 마리를 찾기 위해
동굴 속으로 돌멩이 하나를 던진 목동처럼
무언가 소중한 것을 찾기 위해서
내게 있는 작은 돌멩이를 던져야 합니다.
그래야 쿰란 동굴 속 깨진 항아리든 두루마리든
무엇이든 나올 테니 말입니다.

위치 : Qumran, Israel

1947년 한 베두인 목동이 유대 광야에서 잃어버린 염소 한 마리를 찾기 위해 동굴을 발견하고 동굴 속으로 돌멩이 하나를 던졌다. 그때 항아리 같은 게 깨지는 소리가 들려 그 속에 들어가보니 깨진 항아리 속에 담긴 오래된 두루마리를 발견하게 된다. 그 두루마리 문서가 바로 2천 년 된, 세계에서 가장 오래된 성경 사본으로 인정받은 쿰란 사해 사본이다. 쿰란은 '두 개의 달'을 뜻한다. 달이 뜨면 사해에 비쳐 달이 두 개로 보인다 해서 붙여진 이름이다. 현재 이곳은 이스라엘 국립공원으로 지정되어 있다.

303 언덕을 오르는 이유

가을빛 머금은 석양이 저무는 남프랑스의 작은 마을 두르농은 고즈넉합니다.
언덕에 오르는 이유는 그곳에서만 볼 수 있는 풍경이 있기 때문입니다.
우리가 현재의 자리에서 조금 더 높은 곳으로 올라가야 하는 이유이기도 합니다.

🇫🇷 위치 : Tournon-sur-Rhone, France

론강 변에 위치한 투르농은 프랑스 남부의 고풍스런 중세도시다. 중세 시대의 성과 붉은 지붕의 주택들이 옛 모습 그대로 보존되어 있다. 조용히 산책하기 좋은 소도시다.

304 소금의 약속

사람들은 사랑이 달콤하다고 말하지만 사실 사랑이란 소금과 같은 것입니다.
소금의 속성이 바로 변치 않은 것이기 때문입니다.
달콤한 것은 반드시 부패하기 때문에 사실 우리의 삶에 꼭 필요한 것은 쓴 소금입니다.
사랑이란 달콤한 속삭임이 아니라 소금의 약속이어야 합니다.

🇵🇪 **위치 : Salineras, Peru**

살리네라스는 페루의 안데스산맥 해발 3천 미터가 넘는 고지대에 자연적으로 형성된 천연 염전이다. 바다가 융기해서 산이 되었고, 소금 성분이 지하수와 함께 수천 년 세월 동안 흘러나오고 있다. 페루 최고 품질의 소금 생산지이기도 하다. 변치 않을 사랑의 약속을 하며 신혼부부들이 웨딩 사진을 찍으러 오는 곳이다.

305 밤을 걷는 두 사람

깊은 밤 창문을 열고 폴란드 북부의 소도시, 토룬의 밤거리를 내려다봅니다.
광장을 가로질러 돌아가는 두 사람, 다정히 잡은 두 손, 서로 마주 보는 얼굴.
보지 않아도 따스한 미소가 보입니다. 듣지 않아도 정겨운 대화가 들립니다.
다정하게 살아도 서러운 세상이기에 세월은 짧고 사랑은 깊은 게 여행자의 운명입니다.

위치 : Torun, Poland

토룬은 폴란드 북부의 작은 도시다. 최초로 지동설을 주장한 천문학자 코페르니쿠스가 태어난 곳으로 유명하다. 온전히 보존된 구시가와 유적들, 코페르니쿠스의 생가에 조성된 박물관 등이 있으며 조용히 둘러보기에 좋은 곳이다.

306 모라비아의 숨은 진주, 미쿨로프

체코 남부 모라비아 지방을 여행할 때 마주친 미쿨로프는
예상치 못한 큰 기쁨을 안겨주는 선물 같은 여행지입니다.
아름다운 구시가와 어울린 초록의 포도밭들
그리고 체코 최고의 향긋한 와인을 맛볼 수 있는 곳입니다.
무엇보다 낯선 여행자를 열린 마음으로
환영해주는 사람들이 살아가는 마을입니다.
여행은 늘 새로운 풍경과 따스한 인연을 안겨주는 선물과 같습니다.

▶ **위치 : Mikulov, The Czech Republic**

미쿨로프는 체코 남부 모라비아 지방에 위치한 작은 마을이며 오스트리아 국경과 가까워서 오스트리아 비엔나에서 접근하기도 쉽다. "신이 이탈리아의 한 조각을 모라비아로 옮겼다."는 말이 전해질 정도로 체코 와인의 대표적인 산지다. 미쿨로프성 지하 저장고를 방문하면 중부 유럽에서 가장 큰 오크통을 볼 수 있다.

307 로맨틱 가도의 도시, 뷔르츠부르크

그 옛날 로마인들이 독일 바바리아 지역을 관통해서
로마까지 이어지는 무역로로 처음 개통한 길이 로맨틱 가도입니다.
독일에 있는 7대 가도 중에 가장 대표적인 가도가 바로 로맨틱 가도입니다.
그 가도를 따라가다 보면 로맨틱이라는 이름처럼
중세의 고즈넉함과 완만한 구릉의 자연이 선사하는 낭만이 흘러넘칩니다.

🇩🇪 위치 : Würzburg, Germany

뷔르츠부르크는 독일 바이에른주 프랑켄 지방에 위치해 있으며 마인강이 구시가를 가로질러 흐른다. 독일의 관광 루트로 유명한 7대 가도 중에서 로맨틱 가도의 출발점이기도 하다. 화이트 와인의 산지로도 유명하다. 구시가에 솟아오른 성당의 첨탑들이 뷔르츠부르크의 스카이라인을 아름답게 수놓는다.

308　노르망디 해안 몽생미셸

프랑스 북부 노르망디의 들판을 달리다 보면 탄성이 흘러나오는 순간이 있습니다.
저 멀리 해안가에 기암성처럼 솟아오른 신비로운 섬 몽생미셸 때문입니다.
황량한 노르망디의 들판에 홀로 고고한 자태를 뽐내는 그 섬은 그 자체로 감동입니다.

수도원과 섬이 어울린 장관의 몽생미셸은
가는 길이 멀어도 꼭 직접 보아야만 알 수 있는 여행의 경이로움입니다.
여행은 그렇게 일상을 뛰어넘는 경이로움에 도달하는 지름길입니다.

🇫🇷 **위치 : Mont Saint Michel, France**

프랑스 북서부 노르망디 지방의 해안가에 있는 작은 섬이자 수도원이며 도시다. 성 미카엘의 산이란 의미다. 708년 아브란슈의 주교가 꿈속에서 성 미카엘의 계시를 받아서 건설하게 되었다고 한다. 조수 간만의 차이로 인해 요새나 감옥으로 사용되기도 했다. 모파상을 비롯해 수많은 예술가들에게 강렬한 영감을 주는 장소이기도 했다.

309 빛의 구도자

사진은 빛으로 그리는 그림입니다.
사진을 찍는다는 것은 빛을 찾아가는 여정입니다.
인생도 마찬가지 아닐까요.

🇨🇱 위치 : San Pedro de Atacama, Chile

남미의 몇몇 나라들에는 독특한 지형과 색을 가진, '달의 계곡'이라 불리는 지역이 있다. 볼리비아와 함께 대표적으로 칠레의 달의 계곡이 그렇다. 이곳은 독특한 색감과 스케일이 큰 지형으로 인해 가장 낯설고 멋진 풍경을 선사하는 곳이다.

310 고요한 눈 세상

조용히 기차가 들어오고 두어 사람이 조용히 기차를 탔습니다.
그러곤 소리 없이 기차는 또 다른 설국을 향해 스쳐 갔습니다.
모든 것이 고요한 눈 세상이었습니다.

● **위치 : Biei, Hokkaido, Japan**

비에이 여행을 할 때 기차를 이용할 경우 잘 살펴보면 단량 기차가 다니는 경우가 많다. 승객이 대도시처럼 많지 않기 때문에 단량 열차가 운행되는데, 홋카이도 여행의 낭만을 더해준다.

311 고르너그라트 빙하

그저 말없이 마주 보는 대자연.
감동에는 언어가 필요 없습니다.

🇨🇭 위치 : Gornergratgletscher, Switzerland

고르너그라트 빙하는 스위스 발레주의 체르마트에서 산악 열차를 타고 고르너그라트역에 내리면 눈앞에서 감상할 수 있다. 몬테로사의 서쪽에서 보이는 계곡 빙하다. 약 12킬로미터의 길이이며 알레취 빙하에 이어 두 번째로 큰 빙하다.

312 규슈 동백꽃

규슈 올레길을 걷다가 낙화한 동백꽃 무더기를 보았습니다.
낙화하고 나서야 눈부시게 아름다운 동백의 서정에 뭉클합니다.
사람의 마음도 꽃 같아서 낙화하기 전에 잘 살펴야 합니다.

● 위치 : Kyushu Ole, Dakeo, Japan

규슈 올레길은 제주 올레길의 상징과 로고를 그대로 벤치마킹해서 조성된 일본 규슈의 올레길이다. 총 206킬로미터에 이르며 규슈는 로고와 상징 사용에 따라 제주올레에 로열티를 매년 지불하고 있다.

313 다카야마 구시가

몇 시간 이동했는데,
삶의 풍경이 바뀌었습니다.

긴 세월 동안 우리의 삶은 얼마나
변했을까요.

🇯🇵 위치 : Takayama, Japan

일본의 '작은 교토'라고 불리는 다카야마는 기후현 북부에 위치한 도시로 히다 지방의 중심 도시다. 신카이 마코토 감독의 애니메이션 《너의 이름은》의 배경지로 등장하면서 큰 인기를 얻게 된 곳이다. 산마치 옛 거리와 일본의 마츠리(전통 축제)들 중의 하나인 야타이 마츠리로 유명한 도시다.

314 에트나의 의미

지금도 에트나 화산은 살아 있습니다.
황량할 것 같은 그 삭막한 곳에도 풀이 자라고,
예쁜 꽃이 피고, 포도가 익어가고,
올리브 나무가 싱싱하게 성장합니다.

에트나는 카타니아인들에게 죽음의 의미이기도 하지만
동시에 삶의 의미이기도 합니다.

🇮🇹 **위치 : Mt. Etna, Sicilia, Italy**

에트나 산은 이탈리아 시칠리아섬의 동부인 카타니아의 북쪽에 위치한 해발 3,329미터의 활화산이다. 현재도 활발히 활동하는 활화산이다 보니 분출을 할 때마다 산의 고도가 조금씩 달라진다고 한다. 유럽에서 가장 높은 화산이자 가장 활발한 활화산이다.

315 여행자의 시선

빌뉴스의 언덕에 올라 도시기를 내려다보았습니다.
낯선 도시를 여행할 때면 구석구석 살펴볼 수 있는 전망대에 올라야 합니다.
골목길에서는 보이지 않던 도시의 형태와 구조, 길들의 방향이
그제야 보이기 시작합니다.
그래야 여행자는 방향과 목적지를 연결할 수 있습니다.
여행자에게 꼭 필요한 건 바로 통찰의 시선입니다.
인생에도 꼭 필요한 것처럼.

🇱🇹 **위치 : Vilnius, Lithuania**

빌뉴스는 발트 3국 중 한 나라인 리투아니아의 수도다. 1323년 리투아니아 대공 게디미나스가 성채를 세우면서 역사가 시작되었다. 격동의 역사 속에서 다양한 나라의 지배와 침략을 받았으며 1991년 소련으로부터 독립하면서 공화국으로서 조금씩 안정을 누리며 발전하고 있다.

316 침사추이 부두 앞 단상

침사추이 부두 앞.
구름처럼 세월이 흐릅니다.
파도처럼 인생이 흔들립니다.
흐르는 세월에 모든 것이 변하고 흔들리기에
오늘 하루가 얼마나 소중한 시간이겠습니까.

위치 : Hong Kong, China

침사추이 부두는 오가는 유람선과 함께 바다 건너 홍콩 본섬의 화려한 빌딩들이 내뿜는 화려한 조명을 감상하기에 좋은 위치다. 잠시 멈춰 서서 화려한 야경과 구름이 흐르는 걸 감상하면 좋다.

317 이스탄불

이스탄불을 찾는 여행자는 누구나
거대하고 풍요로운 제국의 유적과 문명 앞에 감탄합니다.
동로마제국의 수도, 오스만제국의 중심 도시로서
풍요로운 역사와 유적들로 인해
자타가 공인하는 최고의 여행지 중 하나입니다.
달콤한 전통 과자 터키쉬 딜라이트와 뜨거운 애플티 한 잔 맛보며
유서 깊은 도시를 거니는 행복이 터키 여행의 즐거움입니다.

위치 : Istanbul, Türkiye

흑해와 마르마라해 사이의 좁은 해협인 보스프러스 해협의 남쪽 입구에 걸쳐 있는 이스탄불은 유럽과 아시아의 교량과 같은 역할을 하는 곳이다. 수많은 모스크와 시장을 의미하는 바자르 그리고 다양한 음식과 전통 과자 등 여행의 즐거움이 가득한 곳이다.

318 알자스 지방의 동화 마을, 콜마르

가끔은 동화 같은 풍경이 실제로 존재한다면 얼마나 좋을까 생각합니다.
콜마르를 찾아가면 그런 상상이 현실이 될 수 있다는 걸 목격하게 됩니다.
그곳에 발을 들여놓는 순간 저절로 동심으로 돌아갑니다.
그곳이 바로 프랑스 알자스 지방의 콜마르입니다.

콜마르 여행을 통해 상상과 현실이 연결될 수 있음을 깨달을 수 있습니다.
여행은 상상의 나래를 펼치고 마음의 폭을 무한히 확장하는 시간입니다.

🇫🇷 **위치 : Colmar, France**

프랑스 북동부 알자스 지방의 대표적인 도시이며 미야자키 하야오의 애니메이션 《하울의 움직이는 성》의 모티브가 된 곳으로 유명하다. 이탈리아의 베네치아처럼 아름답다고 해서 작은 베네치아를 의미하는 '프티 베니스'라고 불리는, 동화 같은 색채와 운하가 조화로운 마을이다.

319 루마니아 델타 두나리

여행자는 현실과 이상 사이를 걷는 경계인입니다.
현실은 거친 파도일지라도 이상은 푸른 하늘이지요.

여행이라는 작은 배에 나를 싣고
거친 파도 너머 먼 수평선 경계 끝까지 가겠습니다.

🇷🇴 위치 : Delta Dunarii, Romania

루마니아의 다뉴브강 하구와 흑해 사이의 삼각주로서 도나우강 삼각주라고도 부른다. 루마니아에서는 델타 두나리라고 부른다. 이 삼각주는 유네스코 세계자연유산과 생물권보존지역에 등록되어 보호받고 있다. 주민들은 대부분 어업에 종사하고 있다.

320 가끔은 하늘을 보자

마추픽추를 가기 위해 안데스산 자락
올란타이탐보 마을에 짐을 풀었습니다.
동네를 구경하려고 골목길을 걷다가
문득 고개를 드니 빨간 꽃들이 쏟아질 듯 피어 있었어요.
기와지붕 너머 푸른 하늘도 빛나고 있었어요.
고개를 숙이고 땅만 보고 걸었으면
이 아름다운 순간을 놓칠 뻔했어요.
그래서 가끔은 무심히 하늘을 올려다봐야겠어요.

🇵🇪 **위치 : Ollantaytambo, Peru**

올란타이탐보는 페루의 신성한 잉카 계곡에 위치한 옛 잉카 마을이다. 마을 골목길 따라 흐르는 수로와 돌로 지어진 집들이 오랜 잉카제국의 문명의 흔적을 보여준다. 일반적으로 마추픽추를 여행하기 위한 베이스캠프로서 전 세계에서 여행자들이 몰려드는 곳이다.

321 먼 곳으로의 여행

어느 해 멀고 먼 남미,
칠레의 산 페드로 데 아타카마, 달의 계곡까지 여정이 이어졌습니다.

왜 그리도 먼 곳까지 찾아갔을까요?
당장은 답을 찾기 어려울지라도 여행은 떠나고 나면 알게 됩니다.

🇨🇱 **위치 : Valle de la Luna, San Pedro de Atacama, Chile**

남미의 몇몇 나라들에는 독특한 지형과 색을 가진, '달의 계곡'이라는 이름의 지역이 있다. 볼리비아와 함께 대표적으로 칠레의 달의 계곡이 그렇다. 이곳은 독특한 색감과 스케일이 큰 지형으로 인해 가장 낯설고 멋진 풍경을 선사하는 곳이다.

322 비에이의 겨울

마치 겨울이 끝나지 않을 것처럼
가도 가도 끝없는 설경이 펼쳐졌습니다.
잊지 못할 비에이의 겨울이었습니다.

● 위치 : Biei, Hokkaido, Japan

홋카이도의 대표적인 여행지 비에이는 특히 겨울 시즌 설경으로 유명하다. 온 세상 가득 하얀 눈으로 덮인 풍경이 어디에서도 느낄 수 없는 평온함을 안겨주는 곳이다.

323 사막이 아름다운 까닭

사막이 아름다운 건 아무것도 없기 때문입니다.
사막에 가면 내가 얼마나 많은 걸 가지고 있는지 알게 됩니다.
몇 개의 사구를 넘다 보면 우리가 가진 건 대부분 짐이라는 걸 깨닫게 됩니다.
좋은 시계는 가졌으나 시간은 갖지 못한 자신을 발견하지요.

★ 위치 : The Sahara Desert, Morocco

사하라사막은 아프리카의 여러 나라에 걸쳐 있는 거대한 사막이다. 그중 모로코의 메르주가 마을에서 사하라사막으로 손쉽게 접근할 수 있다. 특히 붉은 모래로 유명한 에르그셰비 지역은 모래알이 다른 곳보다 작고 부드럽다. 사막의 오아시스에서 하룻밤을 보내면 기존의 일상과는 완전히 다른 특별한 체험을 할 수 있다.

324 마조렐 연못

입생 로랑의 집 정원에 있는 작은 연못을 들여다봅니다.
작은 세상인데 고운 빛깔의 금붕어가 춤을 춥니다.
나르키소스처럼 작은 연못가에 쫑그리고 앉아 들여다봅니다.
그렇게 가끔은 물속에 비친 세상을 바라보는 일이
새로운 영감을 주기도 합니다.

위치 : Jardin Majorelle, Marrakesh, Morocco

모로코의 마라케시에 있는 프랑스 디자이너 입생 로랑의 집과 정원은 잘 조성된 정원과 다양한 식물들, 원색의 화려함이 인상적인 곳이다. 입생 로랑의 집은 붉은 도시 마라케시와 대조되는 강렬한 파란색으로 칠해져 있어서 특히 인상적인 곳이다.

325 타호 호수 가는 길

타호 호수를 향해 가는 길이었습니다.
스치는 풍경이 반짝 빛나는 순간이 있습니다.
저 반영처럼.
인생에도 그런 빛나는 순간들이 소중합니다.

🇺🇸 위치 : On the Road to the Lake Tahoe, Nevada, USA

타호 호수는 시에라네바다산맥 기슭과 네바다주 경계에 접해 있는 거대한 호수다. 북미에서 가장 큰 고지대 호수(해발 5천 피트 이상의 높이에 위치한 호수)다. 물이 깨끗하고 호수를 둘러싼 산들과 어우러진 풍경이 아름답기로 유명하다.

326 막대기 하나

장대한 도나우강과 흑해가 맞닿은 곳에 나무 막대기 하나가 꽂혀 있어요.
"그물 내린 자리야. 저 막대기만 보고 배를 몰면 돼."
어부의 말처럼 거친 세상에서 희망의 막대기를 꽂아야 합니다.
그 막대기에 대한 지향만 잃지 않으면 됩니다.

▌▌ 위치 : Delta Dunarii, Romania

루마니아의 다뉴브강 하구와 흑해 사이의 삼각주로서 도나우강 삼각주라고도 부른다. 루마니아에서는 델타 두나리라고 부른다. 이 삼각주는 유네스코 세계자연유산과 생물권보존지역에 등록되어 보호받고 있다. 주민들은 대부분 어업에 종사하고 있다.

327 류블랴나의 노을

류블랴나 구시가를 걷다 보니 노을이 곱게 물들고 있었어요.
걸음을 멈추고 한참을 서서 변해가는 노을빛을 멍하니 바라봤어요.
그런 멈춤의 시간이 우리에게는 필요합니다.

🇸🇮 **위치 : Ljubljana, Slovenia**

류블랴나는 슬로베니아의 수도다. 지명의 유래는 류블랴나를 통과하는 류블랴니차강에서 따왔다는 설과 '사랑스러운'을 의미하는 슬로베니아어인 'Ljublj-'라는 단어에서 유래했다는 설이 있다. 구시가의 규모는 크지 않지만, 슬로베니아 국립박물관, 현대미술관, 류블랴나성, 삼중교(트로모스토브예), 용의 다리(즈마이스키 모스트), 구시청사, 은행협회 건물, 프레세렌 광장 등 다양한 명소들로 가득하다.

328 트라카이 성

갈베 호수 위에 홀로 솟아 있는 트라카이성은
붉은 사암으로 지어진 인상 깊은 건축물입니다.
리투아니아의 역사를 품은 곳이자 여행자들의 사랑을 받는 곳이기도 합니다.
아름다운 호수와 푸른 하늘, 그리고 붉은 사암성이 어울린 풍경이
한 편의 명화와 같은 여행지입니다.
잠시 대도시 여행지를 벗어나 한적한 호숫가를 걸으며
눈앞에 펼쳐지는 풍경에 그저 마음이 흘러가게 두어도 좋습니다.

위치 : Trakai, Lithuania

트라카이는 14세기 초 리투아니아 공국의 수도 역할을 한 곳이다. 갈베 호수에 둘러싸인 작은 섬 위에 자리 잡은 고딕 양식의 트라카이 성은 트라카이 여행의 백미다. 이 일대는 1991년부터 트라카이 역사국립공원으로 지정되어 보호받고 있다. 현재 수도인 빌뉴스에서 남서쪽으로 28킬로미터 정도 떨어진 곳에 위치한다.

329 길 따라서

길을 따라가니 여행이 되고,
여행을 지속하니 인생이 아름답게 변했습니다.
나만의 길을 찾는 여행을 해야 합니다.

🇺🇸 위치 : Nevada, USA

네바다주와 캘리포니아 접경 지역에 위치한 데스밸리는 '죽음의 계곡'이라는 이름처럼 오묘한 분위기를 자아내는 곳이다. 국립공원으로 지정되어 보호받고 있으며 다양한 자연의 모습이 펼쳐지는, 황량하면서도 아름다운 곳이다.

330 타호 호수 유람

겨울에도 얼지 않는 타호 호수의 유람선을 탔어요.
청록색 호수를 둘러싼 시에라네바다산맥의 설산과 침엽수림이 펼쳐집니다.
그 옛날처럼 외륜선의 바퀴가 물살을 헤치며 돌아가고,
그림 같은 풍경이 흘러갑니다.
선실 창밖으로 펼쳐지는 겨울 풍경을 감상하다가,
갑판 위로 올라가 따스한 겨울 공기를 마음껏 호흡하는 시간.
타호 호수 여행은 그런 따스한 여행의 풍경입니다.

🇺🇸 위치 : Lake Tahoe, Nevada, USA

타호 호수는 네바다주와 캘리포니아주 경계에 걸쳐 있는 웅장한 시에라네바다산맥 해발 1,897미터에 위치해 있다. 최대 수심이 501미터나 되는 깊은 호수다. 겨울에도 물이 얼지 않아 사계절 유람선을 즐길 수 있어서 더욱 인기가 높다.

331   비 내리는 비비에르

남프랑스 론강 벼에 배가 멈추었습니다.
구름인지 안개인지 산등성이를 따라 마을로 흘러내렸고
빗물은 기울어진 골목길을 따라 하수도로, 강으로 다시 흘러들었습니다.
그 빗속을 걸으며 중세의 시간을 배회했습니다.
여행이란 어쩌면 그렇게 배회하고, 다시 길을 찾고, 왔던 길을 되돌아가는
어떤 무엇인지도 모릅니다.
그 과정 속에서 얻는 묘한 흥분과 뜻하지 않은 인연, 풍경의 미학이
여행의 잔을 채운다면 우리는 그저 행복한 여행자일 겁니다.

🇫🇷 **위치 : Viviers, France**

프랑스 남부 소도시 비비에르는 중세 시대의 대성당과 론강을 내려다보는 전망으로 유명하다. 주택들은 중세 시대 모습 그대로 남아 있다.

332 인피오라타

1년에 딱 하루 동네의 모든 길을
온갖 꽃으로 수를 놓는 스펠로 꽃축제, 인피오라타.

온 동네 골목길이 꽃잎으로 모자이크가 완성되면
사람들은 꿈꾸듯 그 길을 걸어갑니다.

우리 인생길이 결코 꽃길만은 아니지만,
잠시 꽃향기에 취해 꿈같은 하루를 보내봅니다.

🇮🇹 위치 : Spello, Italy

이탈리아 중부, 움브리아 주의 스펠로는 고대 로마시대 건설된 도시이다. 매년 가톨릭 절기인 성체 축일에 맞추어 온 동네 사람들이 온갖 색채의 꽃잎과 허브로 모든 길들을 수놓는다. 이 시기가 되면 수많은 여행자들이 이탈리아와 전 세계에서 몰려온다.

333 안개 속 사이프러스처럼

시간을 잃어버리고 있는 나와 시간을 뺏어 가는 신과의 대결은
숙명적으로 늘 인간의 패배입니다.
그래도 내일을 향해 나아가려는 건 계속 운명과 싸우겠다는 의지입니다.
무진한 안개 속 사이프러스처럼
쓸쓸해도, 고단해도, 힘들어도 안개 속을 헤치며 살아가겠다는 뜻입니다.

🇮🇹 위치 : Cyprus, Toscana, Italy

이탈리아 중부에 위치한 토스카나주의 상징은 사이프러스 나무다. 중세 시대 귀족들이 자신의 영지를 아름답게 꾸미기 위해 심었다고 전해진다. 사이프러스는 여러 가지 의미와 해석을 가지고 있는데, 종교적으로는 하늘과 땅을 연결해주는 역할을 하고, 토양학적으로는 지반을 견고하게 잡아준다고도 한다. 토스카나와 사이프러스는 오랜 세월을 거치면서 불가분의 관계를 이루고 있다.

334 바하우 계곡의 휴식

오스트리아 바하우 계곡을 따라
포도밭 마을과 산들이 노을에 물듭니다.
도나우강을 따라 포도밭이 끝없이 이어지고,
유유자적한 여행자의 발걸음도
그 언덕에서 오랫동안 멈추었어요.

몸의 움직임을 멈추고, 복잡한 생각도 멈추는 것이
진짜 여행의 시작입니다.

▮ 위치 : Wachau, Austria

바하우는 오스트리아 북부 도나우강 하류 지역의 계곡 지대다. 약 36킬로미터에 이르는 이 지역은 넓은 포도밭과 아기자기한 마을들이 산재해 있다. '바하우 문화 경관 Kulturlandschaft Wachau'으로 불리며 유네스코 세계유산에 등재되어 있다.

335 서부 개척기의 흔적, 토노파

네바다주 토노파는
서부 개척기의 흔적과 낭만이 남아 있어요.
광산의 쇠퇴와 함께 많은 사람들이 떠나고
지금은 유령마을로 불리기도 합니다.
시대의 흐름을 거스를 수 없지만
시간의 흔적은 언제나 남습니다.
우리의 삶도 그렇습니다.

🇺🇸 위치 : Tonopah, Nevada, USA

리노와 라스베이거스의 중간 지점에 위치한 토노파는 미국 서부 개척기에 광산 산업이 활발했던 흔적들로 가득한 마을이다. 1900년대 초 은광의 발견과 함께 토노파는 번영했다. 옛 건물들과 함께 특히 1907년 개업해서 100년이 넘는 역사를 가지고 현재까지 운영 중인 미즈파 호텔은 꼭 방문할 가치가 있다.

336 네카어강 둑에 앉아

하이델베르크의 네카어강 변에 앉아 어둠이 내리는 도시를 바라봅니다.
철학자들이 걸었던 길들이 숲속에 숨어 있고 오랜 세월의 강이 유유히 흘러갑니다.
중세의 시간이 머물러 있는 고성과 성당들을 배경으로
빠른 속도로 강변을 질주하는 자동차들의 궤적이 선명하게 보입니다.
진정한 여행은 분주히 움직일 때가 아니라 가만히 멈추었을 때 비로소 시작됩니다.

위치 : Heidelberg, Germany

하이델베르크는 독일 바덴뷔르템베르크주에 위치해 있으며, 라인강의 지류인 네카어강 변에 위치한 중세도시다. 독일에서 가장 오래된 대학으로서 1386년에 창설된 하이델베르크대학교와 아름다운 고성인 하이델베르크성으로 유명하다. 18세기에 건축된 아름다운 카를 테오도어 다리를 건너면 철학자 칸트가 늘 산책했다는 '철학자의 길'로 연결된다. '철학자의 길'에서 바라보는 구시가도 아름답고, 하이델베르크성에서 내려다보는 구시가와 네카어강 또한 아름답다.

337 자유의 상징

끝이 없는 설원은 그만큼의 자유의 상징입니다.
답답한 삶의 그늘에서 벗어나 순백의 광활한 설원 위로
쑥쑥 뻗은 자작나무처럼
그렇게 마음의 기지개를 켜고 자유롭게 달려보세요.

🇯🇵 위치 : Biei, Hokkaido, Japan

홋카이도 비에이에는 마일드세븐 나무, 흰수염폭포, 탁신관 자작나무 숲 등 다양한 명소들이 있다. 특히 자작나무가 일렬로 늘어서 있는 자작나무 길도 비에이 여행 시 필수 코스로 사랑받고 있다.

338 비니쿤카의 경이

만년설에 덮여 감추어져 있던 무지개산이
어느 날 갑자기 신비로운 모습을 드러냈습니다.
세상은 놀랐고, 여행자들이 몰려들었습니다.
나의 무지개산도 아직 모습을 드러내지 않았습니다.
언젠가 찬란하게 빛날 그 시간을 생각하며
지금은 숨이 차더라도 한 발자국씩 차근차근 고도를 올라가야 합니다.

🇨🇦 **위치 : Vinicunca, Peru**

페루 안데스산맥의 숨은 비경인 비니쿤카는 '7가지 색채의 산'을 뜻한다. 해발고도가 무려 5,200미터나 되기 때문에 대부분의 여행자들은 고산병으로 고생하는 곳이기도 하다. 대부분의 여행자들은 쿠스코에 머물면서 현지 여행사를 통해 이곳을 찾는 경우가 많다. 쿠스코에서 남동쪽으로 차를 타고 2시간 정도 소요된다. 지구온난화로 인해 산을 덮고 있던 만년설이 녹으면서 2015년 무렵 무지갯빛 색채의 지형이 드러나 세상에 알려지게 되었다고 한다. 마추픽추와 함께 페루 여행의 필수 코스가 되고 있다.

339 거대한 붉은 아치

모로코의 남서쪽 해안가에 레그지라 플라게가 있습니다.
푸른 바다 위로 거대한 붉은 아치 모양의 지형이 신비로운 해안이지요.
자연의 경이로움 앞에 서면 늘 인간은 왜소하다는 생각이 들기도 합니다.
그래서 우리는 자연의 힘을 존중하며 살아야 합니다.
자연의 법칙과 조화를 이루어야 하지요.
여행을 할수록 인간과 자연의 공생이 화두처럼 다가오곤 합니다.
모로코의 대서양 해안에 서면 더욱 그러합니다.

★ 위치 : Legzira Plage, Morocco

모로코 남서쪽 대서양 해안가에 위치한 레그지라 플라게는 독특한 지형으로 유명한 곳이다. 이곳은 포르투갈의 호카곶보다도 더 서쪽에 위치하고 있기도 하다. 모로코 해변 특유의 붉은 모래사장과 엄청난 규모의 붉은 아치 지형은 자연의 신비를 그대로 보여준다. 특히 이곳의 해안은 파도가 좋아서 유럽의 서핑족과 캠핑족들에게 사랑받는 곳이기도 하다.

340 사하라사막의 비밀

사막에 이르러서야 가장 아름다운 시간을 발견했고,
여행의 세월만큼 자라버린 그림자를 만났습니다.
셀 수 없는 별들을 보고, 헤아릴 수 없는 사구들의 파도를 타고 나서야
사하라의 진정한 아름다움을 알게 되었습니다.
사하라사막은 사람을 지혜롭게 하는 묘한 힘이 있습니다.

★ 위치 : The Sahara Desert, Morocco

사하라사막은 아프리카의 여러 나라에 걸쳐 있는 거대한 사막이다. 그중 모로코의 메르주가 마을에서 사하라사막으로 손쉽게 접근할 수 있다. 특히 붉은 모래로 유명한 에르그셰비 지역은 모래알이 다른 곳보다 작고 부드럽다. 사막의 오아시스에서 하룻밤을 보내면 기존의 일상과는 완전히 다른 특별한 체험을 할 수 있다.

341 빌렘스타트의 구름

인생은 구름처럼 떠도는 것이라고 옛 시인들이 노래했어요.
그렇습니다. 바쁘게 일상 속에 파묻혀 살아가지만
우리는 본질적으로 여행자들입니다.
지금 구름처럼 덧없다 생각이 들더라도
모든 건 다 의미가 있고, 결국엔 모두가 합해서 선이 되기에
스스로 힘을 내야 합니다.
빌렘스타트의 구름이 여행자에게 전하는 마음입니다.

 위치 : Willemstad, Netherlands

빌렘스타트는 네덜란드 왕국의 구성국인 퀴라소의 수도이며, 옛 네덜란드 왕국의 자치령 앤틸리스의 수도였다. 구 시가와 항구는 유산의 가치를 인정받아서 유네스코 세계문화유산에 등록되었다.

342 로잔 거리의 악사

노래할 수 있을 때에 노래하세요.
노래할 수 없을 때에도 노래하세요.
시름 가득한 삶이라고 걱정만 하면
아무 일도 일어나지 않습니다.
음악의 선율이 선사하는 기쁨과 기적을 믿어보아요.

🇨🇭 위치 : Lausanne, Switzerland

로잔은 스위스 남부 보주의 주도이며 레만 호숫가에 위치한 불어권의 도시다. 취리히, 제네바, 바젤에 이어 스위스에서 네 번째로 큰 도시다. 로잔 기차역 바로 옆에 새롭게 조성된 박물관 구역인 플랫폼10이 새로운 핫플레이스로 인기를 얻고 있다. 국제올림픽위원회가 로잔에 본부를 두고 있다.

343 에즈의 보름달

철학자 니체가 머무르며 사색에 잠기고 글을 썼던 에즈 마을에 올랐습니다.
니체도 밤 산책을 하며 저 달을 보았겠지요.
그러면서 철학적 영감을 얻었으리라 생각합니다.
에즈의 달을 보며 저 달처럼 한결같이 여행자로 살아가야겠다는 다짐을 하고
용기를 얻던 기억이 떠오릅니다.
여행은 그렇게 일상 속에서는 얻기 힘든 영감과 용기의 원천이 됩니다.

🇫🇷 **위치 : Eze, France**

에즈는 남프랑스 코트다쥐르 해안가 옆 해발 427미터의 높은 절벽 위에 자리 잡은 중세 마을이다. 니스에서 10킬로미터 거리에 있으며 그 지리적인 위치 때문에 '독수리 둥지 마을'이라는 별명을 얻었다. 구불구불한 경사로의 골목을 따라 다양한 기념품 상점과 공방, 갤러리, 식당, 카페를 구경하며 마을 꼭대기 요새까지 올라갈 수 있다. 옛 요새가 정상에 있고, 그 바로 아래에 온갖 선인장들로 가득한 열대 정원이 있다. 또한 철학자 니체가 이곳 에즈에 머물면서 《차라투스트라는 이렇게 말했다》를 구상했다고 한다. 니체가 걸었던 '니체의 오솔길'이 있다.

344 시기쇼아라 가는 길

루마니아를 여행할 때였습니다.
드라큘라 백작의 고향, 시기쇼아라를 찾아가는 길.
열차 창밖으로 외딴집 한 채가 눈에 쏙 들어왔습니다.
그리고 아주 조그맣게 보였지만 문 앞에 단란하게 모여 있는 가족이 있었습니다.
언제나 가족이란 말은 가슴을 먹먹하게 합니다.
여행을 할수록 더욱 가족의 소중함을 알게 됩니다.

위치 : On the Road to Sighişoara, Romania

시기쇼아라는 루마니아 트란실바니아 지방에 위치한 작은 도시다. 드라큘라 백작의 실제 모델인 블라드 체페슈의 고향으로 유명하다. 12세기 헝가리 왕국 시기에 처음 건설되었고, 제1차 세계대전 이후로 오스트리아-헝가리제국에서 루마니아 왕국에 속하게 되었다. 시기쇼아라 역사 지구는 1999년 유네스코 세계문화유산으로 지정되었다. 고딕 양식의 성 니콜라스 교회, 도미니카 수도원과 쿠퍼스 탑 그리고 드라큘라 생가가 주요 명소다.

345 네로와 파트라셰

화가 루벤스의 고향이자 동화 《플랜더스의 개》의 배경인 안트베르펜.
루벤스와 같은 화가가 꿈인 소년 네로와 반려견 파트라셰는
차디찬 겨울에 성당 바닥에서 죽음을 맞이합니다.
루벤스의 작품을 보며 말이에요.
이 동화를 모르는 사람들은 성당 앞 조각상을 그저 무심히 지나치지요.
스토리를 모르면 깊은 차원의 여행을 할 수가 없어요.
사람 사이의 관계도, 인생도 조금 더 깊이 들어가는 관심이 필요합니다.

🇧🇪 위치 : Antwerpen, Belgium

안트베르펜은 벨기에의 수도 브뤼셀에서 북쪽으로 41킬로미터 거리에 있는 항구도시다. 스헬데강 하구에 위치해 있으며 유럽의 4대 무역항 중 하나다. 벨기에 최대의 고딕 양식 건축물인 노트르담 성당은 이 나라에서 가장 높은 123미터 첨탑을 자랑한다. 이 도시는 플라망파의 거장 루벤스의 고향으로 노트르담 성당 안에 루벤스의 명작들이 소장 전시되고 있다. 위다의 동화 《플랜더스의 개》의 주요 배경으로 등장한다.

346 고난의 영광

수백 년 전 건설되었으나
어느 해 화재로 대부분 파괴되고
남쪽 벽만 남아 있는 세인트 폴 성당.
세상에서 가장 처연한 성당 유적이 아닐까요.
흐린 날에는 조금 쓸쓸해 보이기도 합니다.

하지만 정교한 부조와 조각으로 장식된 그 벽으로 인해
마카오 최고의 여행 명소가 되었습니다.
파괴의 고통 속에서 살아남은 잔해가
어쩌면 더 큰 감동을 주기 때문이겠지요.

모든 힘이 소진되어 쓰러질 것 같은 날이 오면
이 성당을 기억해보면 좋겠어요.

위치 : Ruins of St. Paul, Macau, China

중국 최초의 교회 건축물로 1582~1602년에 건설되어 사도 바울에게 봉헌되었다. 당시 아시아에서 제일 큰 교회였으나 1835년 화재로 대부분 파괴되었다. 현재는 남쪽 외벽과 66개의 계단만이 기적처럼 남아 있다. 외벽 너머에는 17세기 순교자들과 성직자, 교회를 세운 알레산드로 발리그나노 Allesandro Valignano의 무덤이 있는 지하 예배실과 종교예술 박물관이 있다.

347 각자 편한 대로

진정한 여행이란
각자 편한 자세로
자연 속에 내 몸과 마음을 던져두는 것.

위치 : Zakopane, Poland

자코파네는 폴란드 남부 마워폴스카주에 위치한 대표적인 휴양도시다. 슬로바키아와 국경을 마주하고 있으며 타트리산맥 기슭에 접해 있어서 등산과 하이킹, 겨울 스키의 명소이기도 하다. 목재를 이용해서 지은 전통적인 집들을 흔히 볼 수 있다. 해발 1,987미터의 카스프로비 봉우리와 타트라산맥에서 가장 큰 호수인 모르스키에 오코 호수가 자코파네 자연 여행의 하이라이트로 손꼽힌다.

348 영롱한 안시 호수

알프스 만년설이 녹아 산골짜기를 흘러내려서 반짝반짝 빛나는 호수가 되었습니다.
높은 알프스산 자락에서 시작해 프랑스와 스위스의 경계에 있는 안시에 이르러서
눈부신 호수가 된 것처럼 어쩌면 우리는 녹지 않은 만년설 같은 존재입니다.
조금은 힘겨운 골짜기로의 추락과 거친 여정을 지나
마침내 안시 호수처럼 영롱하게 빛나는 시절이 오기에
지금은 그저 자신을 부수고 흘려보내면 됩니다.

🇫🇷 위치 : Annecy, France

프랑스 남동부의 안시는 알프스산과 안시 호수 사이에 자리 잡고 있다. '프랑스 알프스의 진주'라고 불린다. 또한 호수와 이어진 운하가 구시가를 흐르는데, 이로 인해서 '알프스의 베니스'라고 불리기도 한다. 2015년 프랑스에서 가장 꽃이 만발한 9개 도시에 주어지는 '황금꽃' 상을 받기도 했다. 아름다운 구시가와 안시성 그리고 티우강 가운데 있는 섬궁 Palais del'Isle 등이 볼거리다.

349 순수한 시절

갑자기 그해 겨울, 그 여행이
무척이나 그리워졌습니다.
그해 겨울은 따스했고, 풍경은 고요했으며,
여행자는 행복했습니다.
어쩌면 그 겨울 여행보다,
새하얀 눈처럼 순수했던 그 시절의
마음이 그리운 건지도 모르겠습니다.

🔴 위치 : Hida Hurukawa, Gifu, Japan

일본 중부 기후현의 소도시인 히다 후루카와는 다카야마보다 규모는 작지만 분위기는 훨씬 더 고즈넉한 곳이다. 신카이 마코토 감독의 애니메이션 《너의 이름은》의 배경 장소로 등장하면서 여행자들에게 유명해졌다. 돌담에 둘러싸인 사원과 하얀 담장의 상점 거리, 그리고 산책로를 따라 이어지는 수로는 운치가 넘친다. 겨울에는 눈이 많이 내려서 도시 외곽으로 새하얀 눈에 덮인 설경을 감상하며 산책을 하기에도 좋다.

350 밤이 희망

칠흑 같은 밤이 와야 별이 반짝이는 걸 볼 수가 있습니다.
깊은 절망의 물속에 가라앉을 듯한 순간에
작은 빛을 따라 심연을 헤엄쳐나가면
결국 긍정의 땅에 이릅니다.
밤이 희망인 이유는 바로 빛을 더 잘 보기 위함이기에
깊은 밤일수록 더욱 힘차게 걸어야 합니다.

위치 : Luzern, Switzerland

스위스 중부 루체른 호숫가에 있는 루체른은 스위스에서 중세 시대의 모습을 가장 잘 간직한 도시로서 스위스 여행의 필수 코스다. 500년 된 카펠교와 어우러진 구시가의 모습이 고풍스럽고 아름답다.

351 아야소피아

'거룩한 지혜'를 뜻하는 아야소피아.
그 광대한 공간 속에 서면 인간은 그저 사소한 존재처럼 느껴집니다.
동시에 세밀하고 아름다운 건축물을 세운 인간의 위대함도 느끼게 되지요.
아야소피아처럼 지혜로운 사람은 열린 마음으로
세상과 사람을 향해 있는 사람입니다.

🇹🇷 위치 : Ayasofya, Istanbul, Türkiye

아야소피아는 튀르키예의 수도 이스탄불에 있는 모스크다. 동로마제국의 황제 유스티니아누스 1세의 명으로 건설되어 537년에 축성된 성당이었다. 1453년 오스만제국의 군주 메흐메트 2세가 동로마제국을 멸망시킨 후 이슬람 모스크로 개조해서 사용했다. 이후 1934년부터는 내각의 결정에 따라 종교의식이 금지되고 박물관으로 개방되고 있다. 1985년 이스탄불 역사 지구의 일부로서 유네스코 세계유산에 등록되었다. 건설 당시에는 그 어떤 건축물보다 실내 공간이 광대한 건물이었고, 16세기 스페인의 세비야 대성당이 건설되기까지 세계 최대의 성당이었다. 31.87미터 직경의 돔은 피렌체의 두오모 이전까지는 세계 최대의 벽돌을 쌓아 올린 조적 돔이었다.

352 아라시야마 대나무 숲

아라시야마 대나무 숲을 걸으면
오로지 수직의 선들로 가득해서
시선도 자연스럽게 하늘로 솟아오릅니다.
우리가 무엇을 보고 살아가는지가
우리의 삶의 방향을 결정할 수 있습니다.
어떤 삶의 지향으로 가고 있는지 헷갈릴 때면
지금 나의 시선이 무엇을 향하고 있는지 살피면 됩니다.

● 위치 : Kyoto, Japan

일본 혼슈의 대표 도시이자 일본의 옛 수도인 교토는 1천여 곳의 사찰들과 신사, 황궁과 정원들, 전통 목조 주택들이 가득한 역사 도시다. 794년 헤이안 시대부터 메이지 시대 초기인 1869년까지 1075년 동안 일본의 수도였으며, 이로 인해 '천년수도千年の都'라는 별칭이 붙기도 했다. 현재도 많은 일본인들은 천년고도 교토를 자신들의 정신적 수도이자 문화의 중심지로 생각한다. 특히 아라시야마 대나무 숲은 조용히 산책하며 사색에 잠기기 좋은 공간이다.

353 타보르의 지혜

체코의 남쪽으로 보헤미아 지방에 숨어 있는 작은 도시 타보르.
체코의 종교개혁을 부르짖은 얀 후스의 추종자들이 은신해 있던
요새이기도 했습니다.

한 도시가 형성되려면 역사적, 종교적, 문화적 요소가
모두 어우러져야 완성된다는 것을 좀 더 확실히 깨달았습니다.
현재의 내가 있기까지 수많은 복합적인 요소들이 존재했다는 것을
타보르의 성탑에서 다시 되새겨봅니다.

🇨🇿 위치 : Tabor, The Czech Republic

체코의 남부 보헤미아 지방의 중세도시인 타보르는 1420년 체코의 종교 개혁가 얀 후스를 추종하던 후스파의 본거지였다. 급진적인 개혁 세력의 군사적인 요새 역할을 했다. 19세기 체코의 작곡가 베드르지흐 스메타나가 작곡한 교향시 《나의 조국》은 후스 전쟁 시기 후스파의 요새였던 타보르를 배경으로 하고 있다. 후스파의 장군 지스카의 이름을 딴 지스카 광장, 후스파 박물관, 코트노프성, 다양한 교회 등이 볼거리다.

354 홍콩 야경

피크 트램을 타고 정상에 올라가면 환상적인 야경이 펼쳐집니다.
홍콩이 아름다운 건 모든 빌딩들이 빛의 교향악이라는 야경 쇼를 위해
협력해서 빛을 밝히기 때문입니다.
깜깜한 밤하늘을 별 하나가 아름답게 만들 수 없듯이
홀로 빛나는 건 어찌 보면 큰 의미가 없습니다.
함께 빛날 수 있는 시간과 공간을 만드는 것은
우리의 삶에서 얼마나 중요한 일인지요.

 위치 : Hong Kong, China

홍콩은 세계에서 가장 화려하고 눈부신 최고의 야경 명소들을 자랑한다. 침사추이 부두에서 바라보는 야경도 아름답지만, 특히 빅토리아 피크에서 내려다보는 홍콩 야경은 환상적이다. 피크 트램을 타고 해발 550미터의 빅토리아 피크 정상에 올라가면 홍콩의 빌딩들이 한눈에 펼쳐진다. 저녁 8시에 열리는 야경 공연인 '심포니 오브 라이트'를 특히 놓치지 말아야 한다. 침사추이 부두에서 감상하기에 제일 좋으며, 전체를 내려다보는 시원한 앵글은 빅토리아 피크를 추천한다.

355 낮은 땅

육지가 해수면보다 낮은 네덜란드.
네덜란드라는 말도 '낮은 땅'이라는 의미이죠.
간척지를 만들기 위해 물을 퍼내려고 풍차를 개발하게 되었지요.
그저 낭만적인 아이콘처럼 보이는 풍차가 사실은
네덜란드인들이 살아남기 위해 창조해낸 기적 같은 도구였어요.
역경의 시기에 늘 창조의 도구가 탄생합니다.
풍차를 바라보면서 역경이 오더라도 좌절하지 말아야 할 힘을 얻습니다.

🇳🇱 위치 : Kinderdijk, Netherlands

킨더다이크는 네덜란드의 대표적인 풍차마을 중 하나다. 네덜란드 남쪽 로테르담에 인접한 곳에 있는데, 특히 19개의 풍차가 그대로 남아 있다. 자연을 극복하고자 하는 열망과 삶의 지혜와 유산이 바로 풍차다. 그 가치를 인정받아서 1997년 유네스코 세계유산에 등재되었다. 바다보다 낮은 저지대의 땅을 가진 네덜란드 국민들이 자연환경을 극복하기 위해 만들어낸 풍차는 이제는 주요 관광 명소 역할을 하고 있다.

356 하나된 마음

페루의 수도 리마의 길거리에서 우연히
열 마리의 강아지를 산책시키고 있는 사람을 만났습니다.
주인이 잠시 볼일을 보러 가게에 들어간 사이
열 마리의 강아지는 주인이 들어간 곳만을 응시했습니다.
지나가는 행인들이 부르고 손짓해도 오로지 주인만을 지켜봅니다.
때론 그런 무한한 신뢰와 애정으로 이어진 유대감이 부럽기만 합니다.

🇨🇦 위치 : Lima, Peru

페루의 수도 리마는 페루 최대의 도시이자 남미에서도 세계적인 규모의 도시다. 1535년 프란시스코 피사로가 처음 건설했다. 스페인 식민지 시대에 건설된 건물들이 남아 있는 중앙 지구인 첸트로(구시가)와 태평양 해안 쪽의 신시가인 미라플로레스로 나뉜다. 구시가는 잉카문명과 스페인 식민지 시대의 유산이 어울려 있고, 해안 지구는 다양한 식당과 호텔들로 가득하다. 중앙 지구는 유네스코 세계유산에 등록되어 문화유산으로서 가치를 인정받았다. 대성당, 아르마스 광장(마요르 광장), 산 프란시스코 수도원 등 주요 관광 명소는 구시가인 중앙 지구에 모여 있다.

357 자그레브 거리의 악사

당장은 누구 한 사람 자신의 연주를 들어주지 않아도
계속 기타를 튕기는 저 거리의 악사처럼 자신만의 연주를 계속해야 합니다.
아무도 듣지 않아도 자신의 영혼이 그 연주를 듣고 있기 때문입니다.
타인이란 존재는 언젠가 때가 되면 분명 나의 연주를 듣기 위해 걸음을 멈출 테니
지치지 말고 자신을 위한 연주를 계속해야 합니다.

위치 : Zagreb, Croatia

크로아티아의 수도 자그레브는 크로아티아 북서쪽, 다뉴브강의 지류인 사바강 변에 위치해 있다. 자그레브의 역사는 고대 로마 시대인 1세기부터 시작된다. 발칸반도 내륙의 요새 도시로 기능을 했고, 발칸의 주요 도시인 두브로브니크, 스플리트에 비하면 상대적으로 낙후된 시기를 오랜 세월 겪었다. 서유럽의 최전선으로서 서유럽과 동유럽을 이어주는 가교 역할을 해왔다. 구시가지는 규모는 작지만 역사적인 명소들을 알차게 보유하고 있다. 성 마르카 교회, 자그레브 대성당, 반 옐라치치 광장, 스톤 게이트, 깨진 연인 박물관 등의 명소들이 대표적이다.

358 에스파스 반 고흐의 정원

고흐가 남프랑스의 아를을 찾은 까닭은
파리에서의 삶이 지쳤기 때문입니다.
지치고 가장 힘겨운 순간에도
고흐는 화가로서의 아이덴티티를 잃지 않고 계속 붓질을 했습니다.
힘겨운 인생의 마라톤에서 지치고 포기하고픈 날이 올 수 있지만
고흐처럼 나만의 붓을 놓지 말아야겠다고 다짐합니다.

🇫🇷 **위치** : Espace Van Gogh, Arles, France

프랑스 남부의 소도시 아를은 1888년부터 1년여 동안 고흐가 머물며 그림을 그린 마을로, 인구는 약 5만 명 정도의 작은 도시다. 아를 곳곳에 고흐의 발자취가 남아 있다. 《별이 빛나는 밤》, 《밤의 카페 테라스》, 《프로방스 시골길의 하늘 풍경》 등 약 200여 점의 작품을 남겼다. 에스파스 반 고흐는 그가 입원했던 아를의 요양원이다. 이곳에 입원해서도 그림을 그렸고, 그중 대표작이 바로 《아를 요양원의 정원》이다. 이 요양원은 고흐가 입원했던 시절과 똑같이 복원되어 여행자들에게 개방되고 있다.

359 시라카와고 마을

겨울이면 유난히 폭설이 쏟아지는 시라카와고.
자연이 주는 고난 때문에 집들마다 지붕을 가파르게 지었습니다.
경사진 이 지붕은 이곳만의 전통이자
유네스코 세계유산에 등록까지 되었습니다.
인생을 살아가다가 만나는 역경은 지혜롭게 대처하면
삶에 유익이 될 수도 있습니다.
그러니 당장의 어려움에 주눅 들지 말고 씩씩하게 살아야겠습니다.

🇯🇵 **위치 : Shirakawago, Gifu, Japan**

일본 중부 기후현 북부 깊은 산 속에 있는 전통 마을이다. 겨울철 눈이 많이 내리는데, 연 강설량 평균이 무려 972 센티미터에 이를 정도로 극단적으로 눈이 많이 오는 지역이다. 엄청난 적설량 때문에 지붕이 무너지지 않게 가파른 경사의 맞배지붕인 갓쇼즈쿠리合掌造りGasshô-zukuri 지붕 양식으로 집들을 지었다. 독특한 지붕 형식의 집들로 인해 역사 마을로 인정받아서 1995년 유네스코 세계유산에 등록되었다.

360 데스밸리의 언덕

네바다 데스밸리에서 석양을 마주했습니다.
데스밸리의 독특한 색감과 능선들이
일상에 권태로웠던 여행자에게
새로운 힘과 창조적인 에너지를 선사합니다.
낯선 데스밸리의 언덕에서 누렸던 여행의 여유를 생각하며
오늘 하루 힘차게 살아갈 수 있습니다.

🇺🇸 위치 : Death Valley, Nevada, USA

데스밸리는 미국 캘리포니아와 네바다주에 걸쳐 있는 분지이며 '죽음의 계곡'이라는 이름처럼 지구상에서 가장 더운 곳으로 유명하다. 1913년에 섭씨 56.7도(화씨 134도)를 기록해서 최고 고온으로 기네스북에 기록되기도 했다. 미국 정부에서는 이곳을 데스밸리 국립공원으로 지정해서 관리하고 있다. 독특한 지형과 색으로 인해 마치 외계 행성 같은 분위기와 색을 보여주기도 한다. 라스베이거스에서 서쪽으로 2시간 거리에 있다.

361 부쿠레슈티의 아침

부쿠레슈티의 아침을 걸었습니다.
해가 기울어져서 길게 쏟아져 들어오면
한낮에는 볼 수 없는 사물과 풍경의 디테일이 보이기 시작합니다.
여행지의 첫날 이른 아침 산책이 선사하는 풍경의 신선함은
여행자를 생기 있게 만드는 힘입니다.
아침을 깨우는 여행자가 지혜로운 여행자입니다.

■ 위치 : Bucuresti, Romania

부쿠레슈티는 루마니아의 수도다. 중세 시대 이래로 왈라키아공국의 수도였으며, 1861년 왈라키아와 몰다비아의 합병으로 루마니아가 탄생했고 그 수도가 되었다. 프랑스 분위기의 건물이 많아서 '발칸의 파리'라는 별명으로 불리기도 했다. 차우셰스쿠 집권 시기에 독재자의 입맛에 맞게 도시를 변형시키면서 구시가의 많은 부분이 훼손되었다. 차우셰스쿠의 야심작인 인민궁전은 미국의 펜타곤 다음으로 세계에서 두 번째로 큰 규모의 행정용 건물이다. 인민궁전, 아테니움, 루마니아 국립미술관, 스타브로폴레오스 교회, 헤라스트라우 공원, 구시가 등이 주요 명소다.

362 성당의 타일 장식

성당의 지붕을 레고 모양의 타일로 동화처럼 장식한 이가 누구일까요?
아기자기한 타일 장식 덕분에 자그레브 성 마르카 성당은
크로아티아의 젊은 남녀에게 가장 결혼식을 하고픈 장소로 사랑받고 있어요.
자그레브 구시가를 걷다가 마주한 성당 앞에서
지금 내게는 어떤 타일을 놓아야 할까 잠시 고민에 빠져봅니다.

🇭🇷 **위치 : Crkva Sv. Marka, Zagrev, Croatia**

성 마르카 성당은 크로아티아의 수도 자그레브의 성 마르카 광장에 있는 교구 성당이다. 자그레브에서 가장 오래된 건축물들 중 하나이기도 하다. 13세기 초에 건설되었는데, 남쪽 파사드에 있는 로마네스크 양식의 창문이 그 증거다. 이후 14세기에는 후기 고딕 양식으로 재건되었다. 남쪽 출입문 위의 고딕 양식의 목조 장식은 가장 훌륭하면서도 가치 있는 고딕 양식의 출입문을 보여주고 있다. 특히 지붕의 타일 장식이 가장 인상적인데, 붉은색 배경의 성을 표현하고 있는 자그레브의 문장과 크로아티아와 슬라보니아, 달마티아 삼위일체 왕조를 상징하는 문양이다.

363   히다 후루카와 저녁 산책

오래된 목조 건물들이 늘어서 있는 히다 후루카와 마을 가운데로
세토가와강의 수로가 잔잔하게 흐르고 있어요.
에도 시대의 삶의 흔적들이 남아 있는 소도시는
저녁 무렵 수로를 따라 걷는 산책이 가장 큰 즐거움입니다.
고즈넉한 공간 속에서 고요한 나만의 저녁 산책은
늘 소란스런 현대인의 마음에 평온을 가져다주는 시간입니다.
낯선 소도시를 여행한다면 나만의 저녁 산책 시간을 꼭 누려보세요.

🔴 **위치 : Hida Hurukawa, Gifu, Japan**

일본 중부 기후현의 소도시인 히다 후루카와는 다카야마보다 규모는 작지만 분위기는 훨씬 더 고즈넉한 곳이다. 신카이 마코토 감독의 애니메이션 《너의 이름은》의 배경 장소로 등장하면서 여행자들에게 유명해졌다. 돌담에 둘러싸인 사원과 하얀 담장의 상점 거리 그리고 산책로를 따라 이어지는 수로는 운치가 넘친다. 겨울에는 눈이 많이 내려서 도시 외곽으로 새하얀 눈에 덮인 설경을 감상하며 산책을 하기에도 좋다.

364 델프트의 형태

도자기의 도시 델프트를 여행하다가
구시가 광장의 건물들을 무심히 바라보았어요.
지붕이며, 창문이며, 벽 색깔이며 어느 하나 같은 게 없는데
묘하게 조화를 이루며 아름다움을 자아내는 건물들.
진정한 아름다움이란 자신의 형태를 찾는 것이라 생각했어요.
다른 무언가가 아닌 진짜 내 자신이 되어가는 것.
그것이 진정으로 아름다운 내가 되는 길이라는 것을 말이에요.

🇳🇱 위치 : Delft, Netherlands

델프트는 네덜란드 중서부에 위치한 대학 도시이며 로테르담과 헤이그 사이에 위치해 있다. 델프트 공과대학과 델프트에서 생산되는 도자기로 유명하다. 제2차 세계대전 당시 소도시였던 델프트는 폭격을 피할 수 있었고, 오래된 건물이 가득한 구시가는 잘 보존되어 있다. 《진주 귀고리를 한 소녀》를 그린 화가 요하네스 페르메이르의 고향이며, 이 작품에서 영감을 받은 동명의 소설과 영화의 배경이기도 하다. 델프트 도자기는 특유의 파란색으로 명성이 높다.

365 바라나시의 기도

바라나시에 저녁이 내리자
생명과 소멸의 강, 갠지즈에서는
기도 의식이 열렸습니다.

축제처럼 불을 밝히고
사람들은 알아들을 순 없지만
느낄 순 있는 간절함으로 의식을 응시하고
소리치고 무리를 지어 몰려들었습니다.

파괴되어야 생명이 탄생한다는 역설처럼
알을 깨는 아프락사스처럼
여행자는 왠지 모를 흥분에 휩싸입니다.

나는 깨어지고 있는 걸까요.
다시 탄생하고 있는 걸까요.
갠지스강 변에서 그런 의문에 빠져봅니다.

위치 : Varanasi, India

인도 우타르프라데시주에 위치한 바라나시는 옛날 카시왕국의 수도였고 동시에 힌두교 최대 성지로 유명하다. 바라나시를 흐르는 갠지스강은 힌두교도들에게는 성스러운 젖줄로 신성시된다. 바라나시강 변에서는 신성한 기도 의식이 밤마다 열린다.

나에게 휴식을 주는 인생 사진 365
매일 떠나는 세계여행

1판 1쇄 발행 2024년 3월 15일
1판 3쇄 발행 2024년 7월 30일

지은이 백상현

펴낸곳 아이콘북스
펴낸이 정유선
주소 서울시 강서구 마곡중앙6로 21, 510호 (마곡동, 이너매스마곡1)
전화 070-7582-3382
팩스 070-7966-3385
이메일 info@iconbooks.co.kr
홈페이지 www.iconbooks.co.kr

ⓒ 아이콘북스 2024
ISBN 978-89-97107-76-6 (13980)

· 이 책은 저작권법에 의해 보호받는 저작물이므로 무단 전재와 무단 복제를 금합니다.
· 잘못된 책은 구입처에서 바꿔 드립니다.
· 책값은 뒤표지에 있습니다.

아이콘북스는 독자 여러분의 다양한 아이디어와
원고 투고를 설레는 마음으로 기다리고 있습니다.
보내실 곳 : info@iconbooks.co.kr